café com Deus pai KIDS

UM AMOR QUE NUNCA ACABA

JUNIOR ROSTIROLA

VOLUME 1 DE 4

vélos

Editora Vélos
Tel.: 47 3083-8555
contato@editoravelos.com.br
www.editoravelos.com.br

Quaisquer citações nesta obra estão adaptadas ao Acordo Ortográfico de 1990, vigente desde janeiro de 2009.

Erratas e arquivos de apoio poderão ser encontrados no site da editora com a devida correção e/ou material aplicável à obra relativa.

A obra é comercializada na forma em que está. Não há direito a suporte técnico ou orientação pessoal/exclusiva ao leitor.

Direção geral
Junior Rostirola

Editor-chefe
Michele Rostirola de Lima

Supervisor Editorial
Marcos Vinicius Ferreira

Editor Assistente
Joshua dos Santos

Editor responsável
Gisele Romão da Cruz

Edição
Renata Vaes

Copidesque
Carolyne Larrúbia
Salete Dorow
Marcos Ferreira
Joshua dos Santos

Revisão de provas
Emanuelle Malecka
Elaine Freddi
Manuela Condack

Ilustração
Jonatas Ilustre
Matheus Santos
Amanda C. Barros
Nicolle Doerzapff

Projeto gráfico e diagramação
Jonatas Ilustre

Capa
Jonatas Ilustre

Esta obra foi composta em Duper e impressa por Geográfica sobre papel *Offset* 90 g/m² para Editora Vélos.

FSC
www.fsc.org
MISTO
Papel | Apoiando o manejo florestal responsável
FSC® C019498

Dados Internacionais de Catalogação na Publicação (CIP)
(Câmara Brasileira do Livro, SP, Brasil)

Rostirola, Junior
Café com Deus Pai kids : um amor que nunca acaba /Junior Rostirola. -- Itajaí, SC : Editora Vélos, 2025. -- (Café com Deus Pai Kids ; 1)

IISBN 978-65-85930-59-8

1. Deus (Cristianismo) 2. Literatura devocional
3. Vida cristã I. Título. Título II. Série

25-298127.0 CDD-242

Índices para catálogo sistemático:
1. Literatura devocional : Cristianismo 242
Henrique Ribeiro Soares - Bibliotecário - CRB-8/9314

CONHEÇA A TURMINHA

JOÃO

SIGNIFICA "DEUS É GRACIOSO". JOÃO É CHEIO DE COMPAIXÃO. AS OUTRAS CRIANÇAS SEMPRE O PROCURAM QUANDO TÊM PROBLEMAS DIFÍCEIS A RESOLVER.

ISABELLA

SEU NOME TEM SENTIDO DE "CONSAGRADA A DEUS". ELA É A MAIS SÁBIA DA TURMA E LOGO PERCEBE A INTENÇÃO REAL DAS PESSOAS.

VITÓRIA

É A FILHA ESPERADA DE PAIS QUE NÃO PODIAM TER BEBÊS. É UMA VITÓRIA DOS CÉUS. ELA TEM PROBLEMAS DE AUTOESTIMA, MEDO E INSEGURANÇA POR SER SUPERPROTEGIDA.

ENZO

SIGNIFICA "PRÍNCIPE DO LAR". É UMA CRIANÇA QUE TEM PERMISSÃO PARA AGIR CONFORME DESEJA. É EXTROVERTIDO E AGITADO. TEM TRANSTORNO DE DÉFICIT DE ATENÇÃO E HIPERATIVIDADE, OPINIÕES FORTES E NÃO GOSTA DE SER CONTRARIADO.

VALENTINA

APESAR DE SEU NOME INDICAR "CHEIA DE SAÚDE", NASCEU COM UM PROBLEMA DE SAÚDE CONGÊNITO NO CORAÇÃO QUE A IMPEDE DE PARTICIPAR DE ATIVIDADES FÍSICAS.

GABRIEL

SEU NOME TEM SENTIDO DE "VARÃO DE DEUS". ELE TEM DIFICULDADE DE TER UMA RELAÇÃO PRÓXIMA COM DEUS PAI PORQUE NÃO CONHECE SEU PAI BIOLÓGICO. MORA COM OS AVÓS ENQUANTO A MÃE TRABALHA EM OUTRA CIDADE. SUA FIEL ESCUDEIRA É A CACHORRINHA ZILU.

INTRODUÇÃO

OI, AMIGO!

MEU NOME É **EXPRESSINHO.**

QUAL É O SEU NOME?

____

TEREMOS GRANDES AVENTURAS COM JOÃO, ISABELLA E TODA A TURMA. NOSSOS DIAS VÃO SER INESQUECÍVEIS E EMOCIONANTES!

TEMOS UM JEITINHO TODO DIFERENTE ESTE ANO. PARA SEU LIVRO SER MAIS FÁCIL DE SEGURAR E DE USAR, SEPARAMOS AS HISTÓRIAS AO LONGO DO ANO. NO LIVRO 1, VOCÊ TERÁ AS HISTÓRIAS PENSADAS PARA SEREM LIDAS DE JANEIRO A MARÇO. NO LIVRO 2, DE ABRIL A JUNHO. NO LIVRO 3, DE JULHO A SETEMBRO. NO LIVRO 4, DE OUTUBRO A DEZEMBRO.

É CLARO QUE VOCÊ PODE LER EM OUTRA ORDEM, MAS ALGUMAS INFORMAÇÕES DEPENDEM DA CONTINUIDADE DA HISTÓRIA, ESTÁ BEM?

VENHA COM A GENTE E DESCUBRA O AMOR DE DEUS PAI POR VOCÊ E SUA FAMÍLIA!!!

AMIGUINHO, A
NATUREZA É UM LINDO
PRESENTE DE DEUS PARA
NÓS. QUE TAL DEIXAR OS
PÁSSAROS COLORIDOS
PARA FICAREM AINDA
MAIS LINDOS?

DEUS ME CONHECE POR DENTRO E POR FORA

DIVERSÃO EM FAMÍLIA

PALAVRAS QUE DEUS DIZ SOBRE MIM

ENCONTRE AS OITO VERDADES SOBRE QUEM SOMOS PARA DEUS!

R	U	O	I	D	O	A	O	W	F	D	D
L	I	A	N	H	O	H	H	M	E	I	S
R	T	N	F	P	T	D	E	S	E	C	M
E	S	C	O	L	H	I	D	O	N	C	S
T	H	N	R	E	E	A	P	O	Y	O	D
I	O	T	T	A	D	I	R	W	T	R	H
W	S	S	E	A	M	I	E	E	O	A	S
D	C	R	D	E	L	H	C	U	E	J	D
A	E	P	E	E	D	F	I	L	H	O	L
U	X	A	C	D	N	S	O	O	H	S	U
A	L	E	G	R	I	A	S	O	H	O	Z
N	D	F	A	M	A	D	O	N	U	T	V

AMADO, FORTE, CORAJOSO, ESCOLHIDO, PRECIOSO, FILHO, LUZ, ALEGRIA.

DEUS NOS FEZ ESPECIAIS

DEUS PAI FEZ VOCÊ DO JEITINHO QUE VOCÊ É, E ISSO É SUPERLEGAL!

ISABELLA PERGUNTOU AO SEU IRMÃO:

— JOÃO, VOCÊ SABIA QUE DEUS FEZ CADA UM DE NÓS BEM DO JEITINHO QUE ELE QUERIA?

— EU SEI, ISABELLA, MAS ÀS VEZES EU QUERIA SER MAIS RÁPIDO! ACABEI DE PERDER UMA CORRIDA COM MEUS AMIGOS...

— DEUS NOS FEZ DO JEITINHO QUE SOMOS, E ISSO É O QUE NOS TORNA TÃO ESPECIAIS! SABIA QUE A MAMÃE LEU NA BÍBLIA QUE DEUS FEZ A GENTE COM MUITO AMOR E CARINHO?

VITÓRIA, FALOU:

— AH, MAS ÀS VEZES EU ME SINTO DIFERENTE. NÃO SOU BOA EM MATEMÁTICA, NEM EM JOGOS...

JOÃO ABRAÇOU VITÓRIA E DISSE:

— NÃO FIQUE TRISTE, VOCÊ É MUITO BOA EM CIÊNCIAS, É ÓTIMA AMIGA E AJUDA TODAS AS PESSOAS. ISSO É MUITO ESPECIAL! A ISABELLA ESTAVA CERTA!

— É VERDADE! OBRIGADA, DEUS PAI, POR ME FAZER TÃO ESPECIAL!

VAMOS BRINCAR DE DEIXAR NOSSA MARQUINHA?PEGUE TINTA COLORIDA OU UM CARIMBO E CARIMBE SEUS DEDINHOS NOS DEDOS DESSA MÃO DESENHADA. VEJA COMO SUA MÃO É DIFERENTE E LINDA.

ORAÇÃO

OBRIGADO, DEUS, POR ME AMAR E POR ME FAZER DO JEITINHO QUE EU SOU! AMÉM.

DIA 002

LEITURA BÍBLICA: 1PEDRO 4.10

DEUS ME DEU TALENTOS

DEUS COLOCOU DENTRO DE VOCÊ COISAS MUITO LEGAIS QUE SÓ VOCÊ SABE FAZER BEM. CADA UM TEM UM JEITINHO DIFERENTE DE CORRER RÁPIDO, CANTAR, DESENHAR... TUDO ISSO SÃO TALENTOS! ÀS VEZES, A GENTE DEMORA UM POUQUINHO PARA DESCOBRIR QUAIS SÃO ESSES TALENTOS, MAS NÃO TEM PROBLEMA! O IMPORTANTE É SE LEMBRAR QUE DEUS COLOCOU ALGO ESPECIAL EM CADA UM DE NÓS.

— EU SOU MUITO BOM EM CORRER E FAZER AS COISAS BEM RÁPIDO! — DISSE ENZO, QUE NÃO CONSEGUIA PARAR QUIETO. — MAS, ÀS VEZES, AS PESSOAS FALAM QUE EU SOU MUITO APRESSADO E PRECISO TER MAIS CALMA... ISSO ME DEIXA TRISTE.

— ENZO, SE VOCÊ USAR SUA SUPERVELOCIDADE PARA O BEM, TIPO AJUDAR AS PESSOAS, VAI SE SENTIR MUITO MELHOR! — RESPONDEU ISABELLA.

— AJUDAR É O QUE EU FAÇO MELHOR! — DISSE JOÃO. — MEUS AMIGOS SEMPRE ME CONTAM SEUS SEGREDOS, PORQUE EU SEI ESCUTAR COM ATENÇÃO.

— AH, EU GOSTO MESMO É DE DESENHAR! — DISSE VALENTINA. — COM MEUS DESENHOS, POSSO CRIAR COISAS BEM BONITAS!

— É MUITO BOM DESCOBRIR AS COISAS ESPECIAIS QUE DEUS COLOCOU EM CADA UM DE NÓS! — DISSE ISABELLA, OLHANDO PARA OS AMIGOS.

TODOS LEVANTARAM AS MÃOS PARA O ALTO E SORRIRAM!

ORAÇÃO

QUERIDO DEUS, ME MOSTRA O QUE EU SEI FAZER BEM E COMO USAR ISSO PARA DEIXAR O MUNDO MAIS BONITO E FELIZ! AMÉM!

DEUS NOS FEZ DIFERENTES E ISSO É LEGAL!

VITÓRIA ESTAVA COM A CABEÇA CHEIA DE PENSAMENTOS E RESOLVEU COMPARTILHAR:

— AH, GENTE, NÃO CONSIGO FAZER AS COISAS IGUAL AOS OUTROS.

AÍ JOÃO FALOU:

— VITÓRIA, SER DIFERENTE É SUPERLEGAL! DEUS FEZ VOCÊ ASSIM PORQUE ELE TEM UM PLANO ESPECIAL PARA VOCÊ!

ENZO FALOU EMPOLGADO:

— EU VIVO CORRENDO PARA LÁ E PARA CÁ, MAS SEI QUE DEUS ME FEZ ASSIM PARA AJUDAR AS PESSOAS RAPIDINHO, E ELAS FICAM FELIZES COM ISSO!

VALENTINA CHEGOU PERTO DOS AMIGOS COM UM SORRISO NO ROSTO:

— EU TAMBÉM JÁ ME SENTI ASSIM, VIU? MAS APRENDI QUE SER DIFERENTE NÃO É RUIM! PELO CONTRÁRIO, É O QUE ME FAZ SER ESPECIAL! EU AMO O MEU CABELO, A COR DA MINHA PELE E TUDO O QUE DEUS CRIOU EM MIM.

— É MESMO, NÉ? OLHA SÓ A ZILU! ELA É TODA DIFERENTE E A GENTE A AMA ASSIM, DO JEITINHO QUE É, PORQUE É A CACHORRINHA MAIS LEGAL DO MUNDO! — AFIRMOU GABRIEL. TODO ANIMADO.

TODOS DERAM RISADA E BALANÇARAM A CABEÇA, DIZENDO "SIM"!

E VOCÊ? JÁ PENSOU EM COMO É ESPECIAL SER DIFERENTE? DEUS PAI AMA VOCÊ DO JEITINHO QUE VOCÊ É E O CRIOU COM UM PLANO ESPECIAL! QUE TAL AGRADECER A ELE POR FAZER VOCÊ TÃO ESPECIAL?

ORAÇÃO

DEUS PAI, ME AJUDA A NUNCA ESQUECER QUE SER DIFERENTE É O QUE ME FAZ SER EU DE VERDADE! OBRIGADO POR ME AMAR DO JEITINHO QUE EU SOU! AMÉM!

café com Deus pai KIDS

DEUS PENSOU EM TUDO

NA HORA DO CAFÉ DA MANHÃ, VALENTINA ESTAVA EMBURRADA. ELA QUERIA QUE SEU CABELO FOSSE IGUAL AO DE SUAS AMIGAS, MAS SUA MÃE DISSE:

— FILHA, DEUS AMA VOCÊ DESSE JEITINHO!

— MÃE, MEU CABELO É MUITO BAGUNÇADO! NÃO CONSIGO PENTEAR! QUERIA TER O CABELO LISINHO, IGUAL AO DA MINHA AMIGA DA ESCOLA — ADMITIU VALENTINA.

A MÃE DE VALENTINA SORRIU E COMEÇOU A AJEITAR O CABELO DELA.

— FILHA, SEU CABELO É LINDO! FOI DEUS QUEM O FEZ, SÓ PARA VOCÊ! ELE A AMA COMO VOCÊ É.

VALENTINA FEZ UM BICO E REAFIRMOU:

— EU NÃO GOSTO DO MEU CABELO! ELE É TÃO ENROLADO E DIFÍCIL DE ARRUMAR.

— FILHA, — DISSE A MAMÃE COM CARINHO —, QUANDO DEUS CRIOU VOCÊ, ELE PENSOU EM TUDO, TUDINHO, ATÉ NO SEU CABELINHO! POR ISSO, VOCÊ PODE APRENDER A AMAR ELE TAMBÉM!

VALENTINA PENSOU UM POUQUINHO E DISSE:

— É MESMO? ENTÃO... SE DEUS PENSOU ATÉ NO MEU CABELO, ACHO QUE NÃO DEVO MAIS RECLAMAR, NÃO É? PROMETO QUE NÃO VOU MAIS FAZER ISSO! OBRIGADA, MAMÃE!

VALENTINA OLHOU NO ESPELHO COM UM SORRISO NO ROSTO E, PELA PRIMEIRA VEZ, VIU QUE SEU CABELO ERA LINDO, DO JEITINHO QUE DEUS FEZ!

ORAÇÃO

DEUS, OBRIGADO POR ME CRIAR COM O CABELO DO JEITO QUE ELE É. ME ENSINA A AMAR TUDO EM MIM, DO JEITINHO QUE O SENHOR CRIOU. AMÉM.

MINHA COR ESPECIAL

JÁ PENSOU POR QUE AS PESSOAS TÊM CORES DE PELE DIFERENTES? GABRIEL E SEUS AMIGOS ESTAVAM PENSANDO NISSO NA ESCOLA!

HMMM... SERÁ QUE DEUS ESCOLHEU A COR DE CADA UM? VAMOS DESCOBRIR JUNTOS!

ENQUANTO JOGAVA BOLA, GABRIEL PAROU E PERGUNTOU:

— POR QUE SERÁ QUE A MINHA PELE É MAIS ESCURA QUE A DOS OUTROS MENINOS DA TURMA?

— AH, GABRIEL, SUA COR É LINDA! — DISSE JOÃO COM UM SORRISO. — SABIA QUE DEUS FEZ CADA COR DE PELE DE UM JEITINHO ESPECIAL?

VALENTINA SORRIU E FALOU:

— EU GOSTO DE SER EU MESMA! DEUS ME FEZ ASSIM. ELE PENSOU ATÉ NO MEU CABELINHO. IMAGINE SÓ, ELE PENSA EM TUDO! ATÉ NA COR DA NOSSA PELE!

JOÃO FALOU, BEM SÉRIO:

— A COR DA PELE NÃO IMPORTA! O QUE IMPORTA É QUE DEUS AMA CADA UM DE NÓS. ELE NOS AMA COMO SOMOS!

E VOCÊ? JÁ AGRADECEU A DEUS PELA SUA COR ESPECIAL? LEMBRE-SE: DEUS AMA MUITO VOCÊ, DO JEITINHO QUE VOCÊ É!

ORAÇÃO

QUERIDO DEUS, OBRIGADO PELA COR DA MINHA PELE! ME AJUDA A GOSTAR DE MIM TODINHO, DO JEITO QUE O SENHOR ME FEZ! AMÉM!

DIA 006

LEITURA BÍBLICA: 1CORÍNTIOS 12.6

café com Deus Pai KIDS

O QUE EU SEI FAZER!

DURANTE O ALMOÇO, ENZO ESTAVA UM POUCO TRISTE. ELE SE SENTIA CHATEADO PORQUE NÃO DESENHAVA TÃO BEM QUANTO A VITÓRIA. MAS O PAI DELE LEMBROU:

— DEUS AMA VOCÊ, ENZO! ELE DEU A VOCÊ MUITAS HABILIDADES ESPECIAIS QUE VOCÊ SABE FAZER!

— EU TENTO, MAS NÃO CONSIGO DESENHAR COMO A VITÓRIA... — DISSE ENZO. — ISSO ME DEIXA MUITO CHATEADO!

— FILHO, VOCÊ NÃO PRECISA SER BOM EM TUDO — DISSE O PAPAI. — DEUS AMA VOCÊ DO SEU JEITINHO, COM TUDO O QUE VOCÊ SABE FAZER! E NÓS TAMBÉM AMAMOS MUITO VOCÊ.

— SABIA QUE A MAMÃE TAMBÉM NÃO É BOA EM DESENHAR? — DISSE A MÃE DE ENZO. — MAS SEI QUE SOU BOA EM OUTRAS COISAS, COMO CUIDAR DE VOCÊ. E O MAIS IMPORTANTE: DEUS ME AMA ASSIM, COM TUDO O QUE EU SEI FAZER DE BOM!

— É VERDADE, MAMÃE! EU GOSTO DE JOGAR BOLA... E SOU BOM NISSO! ACHO QUE FOI DEUS QUE ME DEU ESSE PRESENTE!

— ISSO MESMO, FILHO! CADA PESSOA TEM UM JEITO DIFERENTE! E DEUS FICA MUITO FELIZ QUANDO USAMOS O QUE SABEMOS FAZER DE BOM PARA AJUDAR OS OUTROS! — RESPONDEU O PAI DE ENZO.

— O QUE IMPORTA É QUE DEUS ME AMA MUITO, MUITO, MUITO, JOGANDO BOLA OU TENTANDO DESENHAR! — DISSE ENZO, COM UM SORRISO.

ORAÇÃO

QUERIDO DEUS, OBRIGADO POR TUDO O QUE EU SEI FAZER DE BOM! ME ENSINA A USAR ESSAS COISAS BOAS PARA AJUDAR OS OUTROS. AMÉM.

MEU TAMANHO É PERFEITO

NA AULA DE EDUCAÇÃO FÍSICA, VITÓRIA ESTAVA TRISTE PORQUE ERA MAIS BAIXINHA QUE SEUS AMIGOS.

— AH... EU SOU TÃO BAIXINHA! — LAMENTOU VITÓRIA, OLHANDO OS COLEGAS MAIS ALTOS. — NUNCA CONSIGO PEGAR A BOLA NO JOGO.

— VITÓRIA, NÃO PRECISA SE PREOCUPAR EM SER ALTA — DISSE A PROFESSORA, SORRINDO. — O IMPORTANTE É SE ESFORÇAR, ACREDITAR QUE VOCÊ CONSEGUE, GOSTAR DE COMO VOCÊ É!

ISABELLA OUVIU A CONVERSA E DISSE:

— EU SOU MAIS ALTA QUE VOCÊ, VITÓRIA, MAS ÀS VEZES SER A MAIS ALTA TAMBÉM NÃO É FÁCIL! EU SEI QUE DEUS QUIS ME FAZER ASSIM, E CADA UM DE NÓS É ESPECIAL DO SEU JEITO.

— NÃO FAZ DIFERENÇA SE VOCÊ É ALTA OU BAIXINHA — DISSE JOÃO. — O QUE TEMOS NO NOSSO CORAÇÃO É BEM MAIS IMPORTANTE!

— É VERDADE! EU POSSO SER BAIXINHA, MAS SOU FORTE E CORAJOSA! — EXCLAMOU VITÓRIA, SE SENTINDO MAIS CONFIANTE.

ORAÇÃO

DEUS, OBRIGADO POR ME FAZER ASSIM. ME AJUDA A GOSTAR DE COMO EU SOU. AMÉM

DEUS TEM UM PLANO

NA HORA DO LANCHE, ISABELLA E SEUS AMIGOS CONVERSAVAM SOBRE O QUE IAM SER QUANDO CRESCESSEM:

— SABE, GENTE, UMA COISA NÃO SAI DA MINHA CABEÇA. O QUE SERÁ QUE DEUS PAI QUER QUE EU SEJA QUANDO CRESCER? — PERGUNTOU ISABELLA, CURIOSA.

— AH, EU SEI! DEUS TEM UM PLANO LEGAL PARA CADA UM! — RESPONDEU JOÃO. — O MEU PLANO É SER MÉDICO, PARA CUIDAR DAS PESSOAS E AJUDAR PARA QUE FIQUEM BOAS!

— EU JÁ SEI! JÁ SEI! — GRITOU ENZO, PULANDO DE ALEGRIA. — QUERO SER O MELHOR JOGADOR DE FUTEBOL DO MUNDO! DEUS ME DEU MUITA FORÇA PARA ISSO!

— EU SEI TAMBÉM! — DISSE VALENTINA, SORRINDO. — ACHO QUE DEUS ME FEZ PARA SER UMA AMIGA QUE AJUDA TODO MUNDO! MESMO SEM PODER CORRER, EU POSSO CUIDAR DOS OUTROS DE OUTRAS FORMAS!

— EU TAMBÉM SEI QUE DEUS PAI ME FEZ PARA ALGUMA COISA! — DISSE GABRIEL, SORRINDO. — SÓ NÃO SEI PARA QUE AINDA!

— É MESMO, PESSOAL! — EXCLAMOU ISABELLA, TODA FELIZ. — DEUS TEM UM PLANO SUPERLEGAL PARA CADA UM DE NÓS. ENTÃO, ESTÁ TUDO BEM!

ESCOLHA ROUPAS E ACESSÓRIOS QUE VOCÊ TEM EM CASA PARA "VESTIR" DO SEU PERSONAGEM FAVORITO, QUE MAIS SE PAREÇA COM VOCÊ. MAS, ANTES, RESPONDA: "O QUE ME TORNA ÚNICO E ESPECIAL PARA DEUS?". DEPOIS, TIRE UMA FOTO E, SE POSSÍVEL, COLE AQUI PARA GUARDAR DE RECORDAÇÃO.

ORAÇÃO

DEUS, ME MOSTRA O QUE O SENHOR QUER QUE EU FAÇA E ME AJUDA A SEGUIR O TEU PLANO PARA MIM! AMÉM.

FEITO COM CARINHO POR DEUS

DEPOIS DA NOITE DO PIJAMA COM OS AMIGOS, ENZO ACORDOU COM UMA IDEIA MALUCA! ELE NEM ESPEROU O CAFÉ DA MANHÃ! AS OUTRAS CRIANÇAS ESTAVAM COM CARINHA DE SONO QUANDO, DE REPENTE... BUM! ELAS LEVARAM UM SUSTO COM O BARULHO QUE VEIO DA COZINHA.

— ENZO, POR QUE VOCÊ NÃO CONSEGUE FICAR PARADINHO? — PERGUNTOU VITÓRIA.

— EU SÓ QUERIA VER SE CONSEGUIA ANDAR DE COSTAS ATÉ A COZINHA! — RESPONDEU ENZO.

VALENTINA NÃO CONSEGUIU SEGURAR O RISO E EXCLAMOU:

— ENZO, SÓ VOCÊ MESMO! SABIA DE UMA COISA SUPERIMPORTANTE? DEUS AMA VOCÊ DESSE JEITO, TODO AGITADO E DIVERTIDO!

— SÉRIO? ÀS VEZES, ACHO QUE SOU BEM ATRAPALHADO...

— TODO MUNDO É ESPECIAL DO SEU JEITO. EU, POR EXEMPLO, FIQUEI MUITO TEMPO SEM PODER CORRER, MAS SABIA QUE DEUS ME AMAVA ASSIM! — EXPLICOU VALENTINA.

JOÃO FALOU:

— ENZO, VOCÊ TEM UM MONTÃO DE IDEIAS NA CABEÇA, É SUPERDIVERTIDO E PENSA DIFERENTE DA GENTE! FOI DEUS QUEM FEZ VOCÊ DESSE JEITO.

— UAU! DEUS GOSTA DE MIM ASSIM E NÃO QUER QUE EU MUDE NADA? — ENZO PERGUNTOU.

— ISSO MESMO! DEUS AMA MUITO VOCÊ E O FEZ ASSIM COM MUITO CARINHO! — RESPONDEU JOÃO.

ORAÇÃO

DEUS, OBRIGADO POR ME FAZER ASSIM! ME AJUDA A GOSTAR DE MIM COMO O SENHOR ME FEZ. AMÉM.

LEITURA BÍBLICA: ROMANOS 8.28

O PLANO DE DEUS

ENZO, VALENTINA E ISABELLA ESTAVAM BRINCANDO NO PARQUINHO. ENZO CORREU RAPIDINHO ATÉ A ESCADA DO ESCORREGADOR, PRONTO PARA DESCER. MAS VALENTINA FICOU PARADA, OLHANDO PARA A ALTURA. ELA QUERIA IR, MAS O MEDO NÃO A DEIXAVA. ISABELLA PERCEBEU E SE APROXIMOU DA AMIGA.

— VALENTINA, POR QUE VOCÊ NÃO ESTÁ SUBINDO NO ESCORREGA?

— EU QUERO MUITO ESCORREGAR, MAS TENHO MEDO DE ME CANSAR, E A ESCADA É MUITO ALTA!

— VALENTINA, DEUS TEM UM PLANO INCRÍVEL PARA VOCÊ! ELE JÁ FEZ UM MILAGRE NA SUA VIDA, E TEM COISAS. MUITO LEGAIS PREPARADAS PARA VOCÊ! VALENTINA, AINDA COM UM POUCO DE MEDO, PERGUNTOU:

— SERÁ QUE EU POSSO BRINCAR, MESMO COM MEDO?

ISABELLA RESPONDEU, COM CARINHO:

— CLARO QUE PODE! DEUS DEU A VOCÊ CORAGEM! VOCÊ PODE SUBIR DEVAGAR, SEM PRESSA, E LEMBRAR QUE DEUS ESTÁ SEMPRE COM VOCÊ E A PROTEGE!

VALENTINA RESPIROU FUNDO E DISSE:

— ENTÃO EU VOU TENTAR SUBIR UM POUQUINHO. BEM DEVAGARINHO, COMO VOCÊ FALOU.

ISABELLA, TODA FELIZ, GRITOU:

— ISSO MESMO, VALENTINA! VOCÊ É MUITO VALENTE COM A AJUDA DE DEUS! UHUUL!

ORAÇÃO

SENHOR, ME AJUDA A CONFIAR NOS TEUS PLANOS PARA MIM E A SER CORAJOSO QUANDO SENTIR MEDO. AMÉM!

LEITURA BÍBLICA: GÊNESIS 1.27

DIA 011

PARECIDOS COM DEUS!

NO LANCHE DA TARDE, NO PARQUINHO, JOÃO E ISABELLA SE DEITARAM NA GRAMA FOFINHA E FICARAM OLHANDO PARA O CÉU. AS NUVENS FAZIAM DESENHOS ENGRAÇADOS! ELES COMEÇARAM A CONVERSAR:

— ISA, VOCÊ ACHA QUE DEUS SE PARECE COM A GENTE? — PERGUNTOU O JOÃO, OLHANDO PARA AS NUVENS.

— A BÍBLIA DIZ QUE SIM! — RESPONDEU ISABELLA. — MAS NÃO POR FORA... É POR DENTRO!

— AH, TIPO QUANDO A GENTE AMA NOSSA FAMÍLIA? — QUESTIONOU JOÃO.

— ISSO! OU QUANDO A GENTE PERDOA, INVENTA COISAS LEGAIS, AJUDA UM AMIGO... — CONTINUOU ISABELLA.

— ENTÃO, ATÉ QUANDO EU CUIDO DO MEU IRMÃOZINHO, EU ESTOU PARECENDO COM DEUS? — PERGUNTOU JOÃO, CURIOSO.

— COM CERTEZA! VOCÊ ESTÁ MOSTRANDO PARA TODO MUNDO COMO DEUS É! — CONFIRMOU ISABELLA.

— UAU! ISSO É DEMAIS! — EXCLAMOU JOÃO, IMPRESSIONADO.

COMO VOCÊ PODE MOSTRAR QUE É PARECIDO COM DEUS HOJE? SERÁ QUE TEM ALGUÉM PRECISANDO DA SUA AJUDA, DA SUA CRIATIVIDADE, DO SEU CUIDADO OU DA SUA AMIZADE?

ORAÇÃO

DEUS, OBRIGADO POR ME FAZER PARECIDO COM O SENHOR! AMÉM!

LEITURA BÍBLICA: ROMANOS 12.3

COMO SOMOS DE VERDADE

JOÃO ESTAVA SUPERCONTENTE! A PROFESSORA FEZ UM ANÚNCIO: ELA IA ENTREGAR UM PRÊMIO PARA O MELHOR ALUNO DA TURMA E OS PRÓPRIOS COLEGAS DE CLASSE VOTARIAM PARA FAZER A ESCOLHA! JOÃO ESTAVA TORCENDO MUITO PARA SER ESCOLHIDO!

E NÃO É QUE ELE CONSEGUIU? A PROFESSORA ABRIU UM SORRISO E DISSE:

— E O MELHOR ALUNO DA TURMA É... JOÃO!

TODOS OS AMIGOS APLAUDIRAM, E JOÃO FICOU MUITO, MUITO FELIZ! ELE CHEGOU EM CASA CORRENDO PARA CONTAR PARA A MÃE, MAS SÓ ENCONTROU O PAI:

— PAPAI, EU SOU O MELHOR ALUNO DA SALA! EU SOU DEMAIS!

O PAI SORRIU E RESPONDEU:

— FICO MUITO FELIZ POR VOCÊ, FILHO! MAS, A BÍBLIA ENSINA QUE A GENTE NÃO PODE SE ACHAR MELHOR DO QUE OS OUTROS.

A BÍBLIA ESTÁ CHEIA DE HISTÓRIAS DE JOVENS QUE SE DESTACARAM, COMO JOSÉ E DANIEL. ELES ERAM MUITO INTELIGENTES E SE ESFORÇAVAM MUITO EM TUDO O QUE FAZIAM. DEUS OS AJUDOU A SEREM IMPORTANTES, MAS SEMPRE HAVIA UM MOTIVO ESPECIAL PARA ISSO!

TODOS NÓS SOMOS ESPECIAIS, MAS NÃO PODEMOS ACHAR QUE SOMOS MAIS IMPORTANTES DO QUE OS OUTROS! QUANDO DEUS NOS AJUDA A FAZER ALGUMA COISA BOA, É PARA AJUDAR OS OUTROS E MOSTRAR O AMOR DELE!

ORAÇÃO

QUERIDO DEUS, OBRIGADO POR TUDO DE BOM QUE O SENHOR COLOCOU EM MIM. AJUDA-ME A USAR PARA FAZER O QUE É CERTO E TE DEIXAR FELIZ. AMÉM.

LEITURA BÍBLICA: DEUTERONÔMIO 8.2

DIA 013

DEUS CONHECE O CORAÇÃO

O AVÔ DO GABRIEL IA ARRUMAR A GARAGEM E, COMO SABIA QUE O GABRIEL GOSTAVA DE MEXER NAS FERRAMENTAS, O CHAMOU PARA AJUDAR.

— GABRIEL, VAMOS FAZER UM TRABALHO ESPECIAL. A VOVÓ VAI FAZER UM LANCHE REFORÇADO PARA NÓS, PORQUE VAMOS PRECISAR DE MUITA ENERGIA PARA ESSE TRABALHO!

DEPOIS DO CAFÉ DA MANHÃ, OS DOIS FORAM PARA A GARAGEM. O VOVÔ SEPARAVA AS COISAS PARA DOAR E JOGAR FORA, E GABRIEL LIMPAVA AS FERRAMENTAS QUE IAM FICAR.

DE REPENTE, O VOVÔ DISSE:

— GABRIEL, VOCÊ SABIA QUE DEUS PAI TAMBÉM FAZ UM TRABALHO PARECIDO COM ESTE? O NOSSO CORAÇÃO É COMO ESTA GARAGEM, E DEUS PAI CONHECE TUDO O QUE ESTÁ DENTRO DELE, COMO EU CONHEÇO MINHAS FERRAMENTAS. DE VEZ EM QUANDO, DEUS QUER ENTRAR NO NOSSO CORAÇÃO PARA AJUDAR A LIMPAR, TIRAR AS COISAS RUINS E DEIXAR SÓ AS COISAS BOAS!

GABRIEL PERGUNTOU:

— VOVÔ, EU ACHO QUE O MEU CORAÇÃO ESTÁ PRECISANDO DE UMA FAXINA! COMO FAÇO PARA DEUS PAI LIMPAR O MEU CORAÇÃO?

O VOVÔ SORRIU.

— É SÓ CONVIDAR! DEUS PAI ESTÁ SEMPRE NA PORTA DO NOSSO CORAÇÃO, ESPERANDO QUE O CONVIDEMOS PARA ENTRAR E NOS AJUDAR A TER UM CORAÇÃOZINHO LIMPO E FELIZ!

ORAÇÃO

QUERIDO DEUS, EU TE CONVIDO A ENTRAR NO MEU CORAÇÃO. LIMPA TUDO O QUE NÃO TE AGRADA E ME AJUDA A SER UMA BOA CRIANÇA. AMÉM!

DIA 014

LEITURA BÍBLICA: 1CORÍNTIOS 2.10,11

CONHECER A DEUS

VITÓRIA ESTAVA LENDO SEU DEVOCIONAL. ELA DESCOBRIU QUE DEUS PAI SABE TUDO SOBRE SI MESMO. ELA PENSOU:

— UAU! QUE LEGAL! NINGUÉM ME CONHECE MELHOR DO QUE EU MESMA! E O ESPÍRITO SANTO CONHECE DEUS PAI MUITO, MUITO BEM! JESUS PROMETEU QUE DEUS ESTARIA SEMPRE COMIGO, ENTÃO O ESPÍRITO SANTO PODE ME CONTAR TUDO SOBRE DEUS PAI!

VITÓRIA FICOU MUITO FELIZ, COMO SE TIVESSE DESCOBERTO UM SEGREDO BEM ESPECIAL OU ENCONTRADO UM TESOURO!

AGORA ELA SABIA: ERA SÓ PEDIR AJUDA AO ESPÍRITO SANTO PARA APRENDER MAIS SOBRE DEUS PAI, E ELE AJUDARIA!

SABE DE UMA COISA? CONHECER DEUS PAI É O MELHOR PRESENTE QUE PODEMOS TER! E O ESPÍRITO SANTO É O NOSSO AMIGO QUE NOS AJUDA A CONHECER DEUS PAI. ENTÃO, VITÓRIA JUNTOU AS MÃOZINHAS E OROU:

— QUERIDO ESPÍRITO SANTO, EU QUERO CONHECER MAIS DEUS PAI! PRECISO DA TUA AJUDA. ME CONTA DO QUE ELE GOSTA E O QUE ELE PENSA DE MIM. POR FAVOR, ME AJUDA.

E ASSIM VITÓRIA COMEÇOU UMA AVENTURA INCRÍVEL: CONHECER DEUS PAI! VOCÊ QUER IR JUNTO COM ELA?

ORAÇÃO

DEUS PAI, EU QUERO TE CONHECER CADA DIA MAIS! ME AJUDA NESSA AVENTURA? AMÉM.

O TESOURO MAIS PRECIOSO

VALENTINA ADORAVA QUANDO A VOVÓ CHEGAVA! A VOVÓ SEMPRE FICAVA PELO MENOS UM FIM DE SEMANA TODINHO. NESSES DIAS, ELAS DORMIAM JUNTINHAS E VALENTINA GOSTAVA DE MEXER NA MALETA DA VOVÓ. UM DIA, VALENTINA ENCONTROU UMA BOLSINHA QUE TINHA OUTRA BOLSA MENOR! E, DENTRO DESSA, MAIS UMA BOLSINHA BEM PEQUENININHA! VALENTINA FICOU MUITO CURIOSA E PERGUNTOU:

— VOVÓ, POR QUE A SENHORA GUARDA TANTAS BOLSAS DENTRO DE OUTRA BOLSA?

A VOVÓ RIU MUITO E DISSE:

— VALENTINA, ABRA ESSA BOLSINHA BEM PEQUENA E ME FALE O QUE TEM DENTRO.

— SÃO SEUS BRINCOS E ANÉIS, VOVÓ! — RESPONDEU A VALENTINA.

— VOCÊ VIU COMO ISSO ESTAVA GUARDADINHO? ISSO DEIXOU VOCÊ CURIOSA, NÃO FOI? — PERGUNTOU A VOVÓ. — É QUE ESSA BOLSINHA É O MEU TESOURO! — EXPLICOU. — SABE, JESUS DISSE QUE O REINO DOS CÉUS É COMO UM TESOURO ESCONDIDO. SE ALGUÉM PEGASSE MINHA MALETA, EU IA FICAR CHATEADA, MAS EU IA SENTIR FALTA MESMO DESSA BOLSINHA COM MEUS BRINCOS E ANÉIS. ELA TEM MUITO VALOR PARA MIM. É COMO O AMOR DE DEUS PAI, QUE GUARDAMOS BEM GUARDADINHO NO NOSSO CORAÇÃO PARA NINGUÉM TIRAR!

ORAÇÃO

QUERIDO DEUS, OBRIGADO PELO TEU AMOR, QUE É O TESOURO MAIS PRECIOSO DO MUNDO. ME AJUDA A GUARDAR ESSE TESOURO NO MEU CORAÇÃO. AMÉM.

LEITURA BÍBLICA: 1CORÍNTIOS 4.5

DEUS NUNCA ERRA

GABRIEL SE INSCREVEU PARA UM CURSO DE DESENHO E MAL PODIA ESPERAR PARA SABER SE ELE TINHA SIDO ESCOLHIDO. O VOVÔ DELE FOI ATÉ A ESCOLA PARA VER SE O NOME DE GABRIEL ESTAVA NA LISTA.

GABRIEL FICOU ESPERANDO EM CASA, OLHANDO PELA JANELA. ELE ESTAVA MUITO CURIOSO! QUANDO O VOVÔ VOLTOU, ELE DISSE:

— GABRIEL, SEU NOME NÃO ESTÁ NA LISTA.

O MENINO FICOU CHATEADO E QUESTIONOU:

— COMO ASSIM, VOVÔ? EU QUERIA TANTO FAZER ESSE CURSO!

DEPOIS DE ALGUNS DIAS, O TELEFONE TOCOU.

— É DA CASA DO GABRIEL? ESTAMOS LIGANDO PARA SABER POR QUE ELE NÃO VEIO NA PRIMEIRA AULA DE DESENHO. ELE AINDA QUER FAZER O CURSO?

O VOVÔ PERGUNTOU:

— SIM, ELE QUER! MAS NÃO TINHA UMA MENINA NO LUGAR DELE?

A MOÇA RESPONDEU:

— AH! GABRIELA? DESCULPA, FOI UM ERRO NA HORA DE ESCREVER O NOME NA LISTA. JÁ ARRRUMAMOS, E ESTAMOS ESPERANDO O GABRIEL!

O VOVÔ CHAMOU GABRIEL E CONTOU A NOVIDADE:

— GABRIEL, DEUS AJUDOU VOCÊ! AS PESSOAS ERRARAM O NOME, MAS DEUS NUNCA ERRA! DEUS VIU QUE VOCÊ QUERIA MUITO FAZER ESSE CURSO E FEZ COM QUE TUDO DESSE CERTO! SEMANA QUE VEM, VOCÊ VAI COMEÇAR SUAS AULAS!

GABRIEL FICOU MUITO FELIZ E AGRADECEU:

— EBA, VOVÔ! QUE BOM! MUITO OBRIGADO, DEUS!

ORAÇÃO

DEUS PAI, OBRIGADO PORQUE O SENHOR VÊ TUDO CERTINHO E CUIDA DE MIM. AMÉM.

LEITURA BÍBLICA: 2CORÍNTIOS 13.5

CORAÇÃO LIGADO EM DEUS

ENZO CHAMOU SEUS AMIGOS GABRIEL E JOÃO PARA JOGAR VIDEOGAME! ELES CORRERAM PARA O QUARTO, PRONTOS PARA A DIVERSÃO. MAS... O VIDEOGAME NÃO LIGAVA! ELES APERTARAM TODOS OS BOTÕES, TROCARAM OS CONTROLES, MAS NADA FUNCIONAVA! ENZO FICOU MUITO CHATEADO.

— POXA, POR QUE NÃO FUNCIONA?

JOÃO TEVE UMA IDEIA:

— SERÁ QUE O JOGO ESTÁ QUEBRADO? VAMOS TENTAR OUTRO!

NADA DE O VIDEOGAME LIGAR! OS MENINOS FICARAM TRISTES E COMEÇARAM A PENSAR: "O QUE VAMOS FAZER AGORA?". A MÃE DO ENZO PERGUNTOU:

— JÁ JOGARAM? QUE RÁPIDO!

ENZO RESPONDEU:

— NÃO, MAMÃE. NÃO ESTÁ FUNCIONANDO!

A MAMÃE LOGO PERGUNTOU SE TODOS OS FIOS ESTAVAM CONECTADOS.

ELES VOLTARAM PARA O QUARTO E, COM A AJUDA DA MAMÃE, VIRAM QUE UM DOS FIOS ESTAVA MEIO SOLTO. A MAMÃE, ENTÃO, ENCAIXOU O FIO DIREITINHO E O VIDEOGAME FUNCIONOU!

GABRIEL RIU E DISSE:

— MEU AVÔ VIVE DIZENDO QUE A GENTE PRECISA EXAMINAR O CORAÇÃO! AGORA ENTENDI! O VIDEOGAME SÓ FUNCIONA SE ESTIVER LIGADO... E A GENTE TAMBÉM PRECISA ESTAR LIGADO EM DEUS PAI!

PRECISAMOS EXAMINAR O CORAÇÃO PARA VER SE ESTÁ BEM LIGADO EM DEUS PAI, DO MESMO JEITO QUE O CABO DO VIDEOGAME PRECISA ESTAR BEM CONECTADO PARA FUNCIONAR.

ORAÇÃO

QUERIDO DEUS, AJUDA-ME A OLHAR MEU CORAÇÃO E FICAR SEMPRE PERTINHO DE TI. AMÉM.

VALE A PENA

VITÓRIA ESTAVA CONTANDO OS DIAS PARA O PRÓXIMO FERIADO! ELA AMOU PASSEAR COM A ESCOLA DE MÚSICA, MAS O QUE ELA MAIS GOSTOU FOI QUANDO A PROFESSORA A AJUDOU A REALIZAR UM SONHO: TOCAR MÚSICA PARA PESSOAS QUE PRECISAM DE AJUDA!

A PROFESSORA DE VITÓRIA CONVERSOU COM LAR DE IDOSOS DA CIDADE. LÁ MORAVAM MUITOS VOVÔS E VOVÓS QUE RECEBIAM CUIDADOS ESPECIAIS. A PROFESSORA PENSOU: “POR QUE NÃO DEIXAR O DIA DELES MAIS ALEGRE COM UMA MÚSICA BEM BONITA?”.

NO LAR TINHA UM PIANO! ALGUNS VOVÔS E VOVÓS SABIAM TOCAR, MAS PRECISAVAM DE ALGUÉM JOVEM E ANIMADO PARA TOCAR JUNTO COM ELES. DISSERAM PARA A VITÓRIA QUE ELA ERA JOVEM E CHEIA DE ALEGRIA. ENTÃO, VITÓRIA, TODA FELIZ, COMEÇOU A TOCAR MÚSICAS LINDAS! OS VOVÔS E VOVÓS AMARAM! ALGUNS ATÉ CHORARAM DE EMOÇÃO, OUTROS DANÇARAM, E TEVE ATÉ UMA PESSOA QUE SE SENTOU DO LADO DELA PARA TOCAR JUNTO!

— QUE DIA ESPECIAL! TODO MUNDO DEVERIA TER A CHANCE DE FAZER ALGO BOM PARA ALGUÉM, PORQUE, QUANDO A GENTE FAZ O BEM, JESUS FICA FELIZ, E O QUE A GENTE FAZ SEMPRE VALE A PENA! — DISSE VITÓRIA, CONTENTE, CONTANDO TUDO PARA OS PAIS NA HORA DO JANTAR.

ORAÇÃO

DEUS PAI, FAZ MEU CORAÇÃO QUERER SEMPRE AJUDAR QUEM PRECISA. AMÉM.

UM CORAÇÃO NOVO!

VALENTINA E SUA MAMÃE ERAM DUAS GRANDES AMIGAS DE JESUS. AONDE ELAS IAM, SEMPRE FALAVAM DO AMOR DE JESUS E DE UMA COISA MUITO LEGAL: UM CORAÇÃO NOVO!

AS PESSOAS PERGUNTAVAM À VALENTINA COMO ELA CONSEGUIU SER TÃO FELIZ DEPOIS DE FICAR DOENTE UM TEMPÃO. E VALENTINA, TODA SORRIDENTE, RESPONDIA: "JESUS ME DEU UM CORAÇÃO NOVO!". TODO MUNDO QUE OUVIA FICAVA EMOCIONADO.

SABE, NÃO IMPORTA SE SOMOS GRANDES OU PEQUENOS, MAIS NOVOS OU MAIS VELHOS, JESUS QUER DAR UM CORAÇÃO NOVO PARA CADA UM DE NÓS!

NOSSO CORAÇÃO, ÀS VEZES, QUER FAZER SÓ O QUE TEMOS VONTADE, TIPO NÃO DIVIDIR O BRINQUEDO OU FICAR BRAVO POR POUCA COISA. MAS, QUANDO JESUS NOS DÁ UM CORAÇÃO NOVO, É UM CORAÇÃO QUE O AMA, CONFIA NO QUE ELE DIZ E QUER FAZER O QUE É BOM! É UM CORAÇÃO CHEIO DE AMOR E ALEGRIA.

SE VOCÊ AINDA NÃO PEDIU PARA JESUS LHE DAR ESSE CORAÇÃO NOVO, NÃO SE PREOCUPE! NÃO DÓI NADA, MAS A GENTE PRECISA TER UM POUQUINHO DE CORAGEM PARA QUERER DE VERDADE. É UMA CORAGEM QUE VAI DEIXAR SUA VIDA MUITO, MUITO MAIS FELIZ, PARA SEMPRE!

ORAÇÃO

QUERIDO JESUS, EU QUERO UM CORAÇÃO CHEIO DE ALEGRIA, QUE TE AME E QUE FAÇA O BEM! AMÉM!

LEITURA BÍBLICA: MIQUEIAS 6.8

ANDAR COM DEUS

OS AMIGOS — JOÃO, ENZO, GABRIEL, VALENTINA, ISABELLA E VITÓRIA — FORAM A UMA FESTA MUITO LEGAL QUE A FAMÍLIA DO JOÃO PLANEJOU! ELES BRINCARAM, COMERAM E APRENDERAM COISAS IMPORTANTES. NA SEGUNDA-FEIRA, ELES SE ENCONTRARAM NA PRAÇA PARA CONVERSAR SOBRE A FESTA. LEMBRARAM DAS BRINCADEIRAS ENGRAÇADAS E DOS LANCHES GOSTOSOS.

— FOI MUITO ENGRAÇADO QUANDO O GABRIEL TROCOU OS VERSÍCULOS! — DISSE ENZO, RINDO.

— ENGRAÇADO FOI VOCÊ LEVANDO UMA TORTA NA CARA! — RESPONDEU GABRIEL, E TODOS RIRAM JUNTOS.

— EU JÁ FALEI COM O PASTOR PARA FAZER MAIS VEZES, PORQUE FOI MUITO LEGAL! — CONTOU JOÃO, ANIMADO.

— NÓS AMAMOS AS LEMBRANCINHAS QUE FIZERAM PARA AS MENINAS! — DISSE VALENTINA.

ISABELLA DISSE:

— QUE BOM QUE TODOS GOSTARAM! JÁ SEI! SE FIZERMOS OUTRA FESTA, VOU PEDIR PARA FAZERMOS TAMBÉM UMA NOITE DO PIJAMA NO SÁBADO! IA SER MUITO LEGAL!

VITÓRIA PERGUNTOU:

— VOCÊS LEMBRAM DA COISA MAIS IMPORTANTE QUE A GENTE APRENDEU? COMO DEVEMOS ANDAR COM DEUS?

E TODOS RESPONDERAM JUNTOS:

— FAZER O QUE É CERTO, AMAR AS PESSOAS E ANDAR JUNTINHO COM DEUS PAI! É ISSO QUE ESTÁ ESCRITO NA BÍBLIA.

ORAÇÃO

QUERIDO DEUS, ME AJUDA A FAZER O QUE É CERTO, AMAR AS PESSOAS E ANDAR SEMPRE JUNTINHO DO SENHOR. AMÉM.

ESPERANÇA NO CORAÇÃO

A MÃE DE ENZO PASSOU ALGUMAS TAREFAS PARA ELE FAZER. O IMPORTANTE ERA QUE TUDO ESTIVESSE PRONTO ANTES DAS AULAS. ELE PRECISAVA CONFERIR O MATERIAL ESCOLAR, ENCAPAR OS LIVROS E PREPARAR OS UNIFORMES. JÁ TINHA PASSADO MAIS DA METADE DO FIM DE SEMANA E ENZO NÃO TINHA FEITO NADA! A MÃE DELE O LEMBROU.

— AI, MAMÃE! EU ME ESQUECI! E AGORA? É MUITA COISA E EU NEM COMECEI! — DISSE ELE, CORRENDO DE UM LADO PARA O OUTRO, SEM SABER O QUE FAZER.

A MÃE O ABRAÇOU E DISSE:

— CALMA, MEU FILHO, FICAR NERVOSO NÃO VAI AJUDAR. QUE TAL FAZERMOS UM PLANO? VAMOS DIVIDIR AS TAREFAS. VOCÊ VAI CONSEGUIR! SE QUISER, POSSO AJUDAR VOCÊ A MONTAR UMA LISTA E COLOCAR PERTO DO SEU ESPELHO. ASSIM, VOCÊ NÃO ESQUECE!

— SE A SENHORA AJUDAR, VAI SER MAIS FÁCIL. JÁ ESTOU ME SENTINDO MAIS CALMO... — DISSE ENZO, RESPIRANDO FUNDO.

— MEU QUERIDO, A BÍBLIA DIZ QUE A GENTE NÃO PRECISA FICAR CONFUSO OU PREOCUPADO. QUANDO VOCÊ LEMBRAR QUE VAI CONSEGUIR TERMINAR SUAS TAREFAS AOS POUCOS, E QUE DEUS PAI ESTÁ SEMPRE PERTINHO PARA AJUDÁ-LO QUANDO VOCÊ PEDIR, SEU CORAÇÃO VAI FICAR MAIS CALMO E FORTE — EXPLICOU A MÃE COM CARINHO.

ORAÇÃO

QUERIDO DEUS, ME AJUDA A FICAR CALMO E CONFIAR QUE O SENHOR ESTÁ COMIGO. ENCHE MEU CORAÇÃO DE COISAS BOAS. AMÉM.

COISAS BOAS PARA OUVIR

A MAMÃE DO JOÃO PASSOU PELO CORREDOR E OUVIU UMA VOZ BEM ALTA VINDO DO QUARTO DELE. QUEM SERÁ QUE ESTAVA FALANDO? ELA ABRIU A PORTA PARA VER E ENCONTROU JOÃO ANDANDO DE UM LADO PARA O OUTRO COM A BÍBLIA NAS MÃOS!

— O QUE VOCÊ ESTÁ FAZENDO, FILHO? ESTÁ FALANDO TÃO ALTO QUE PENSEI QUE O PAPAI ESTIVESSE AQUI CONVERSANDO COM VOCÊ! — PERGUNTOU A MAMÃE, CURIOSA.

— MAMÃE, EU LI NA BÍBLIA QUE A GENTE APRENDE A CRER QUANDO ESCUTA A PALAVRA DE DEUS! ENTÃO, EU DECIDI QUE TODA MANHÃ EU VOU LER A BÍBLIA BEM ALTO, ASSIM EU OUÇO AS COISAS QUE DEUS PAI QUER ME ENSINAR! — EXPLICOU O JOÃO.

A MAMÃE SORRIU, TODA ORGULHOSA.

— MEU FILHO, QUE IDEIA ESPERTA! É ISSO MESMO! O QUE A GENTE OUVE PODE MUDAR O QUE A GENTE É POR DENTRO. POR ISSO, EU E SEU PAI SEMPRE ESCOLHEMOS COM MUITO CUIDADO O QUE ESCUTAMOS. FICO MUITO FELIZ QUE VOCÊ TENHA ESCOLHIDO OUVIR A PALAVRA DE DEUS! QUE VOCÊ NUNCA PARE DE FAZER ISSO, PORQUE ISSO VAI DEIXAR VOCÊ MUITO SÁBIO! — DISSE A MAMÃE.

A GENTE TAMBÉM PODE LER A BÍBLIA EM VOZ ALTA! E É MUITO IMPORTANTE ESCOLHER BEM O QUE ESCUTAMOS. VAMOS SEMPRE ESCOLHER OUVIR AS COISAS QUE NOS AJUDAM A FICAR PERTINHO DE DEUS!

ORAÇÃO

QUERIDO DEUS, ME AJUDA A OUVIR A TUA PALAVRA PARA QUE EU CONFIE CADA VEZ MAIS NO SENHOR! AMÉM.

TUDO CLARO COMO O DIA

A IGREJA DO JOÃO ORGANIZOU UM PASSEIO SUPERLEGAL: UMA TRILHA NO PARQUE ECOLÓGICO. TODOS OS AMIGOS FORAM! LÁ ELES VIRAM MUITAS PLANTAS DIFERENTES, MACAQUINHOS, PASSARINHOS, LAGARTOS E ATÉ UMA FONTE DE ÁGUA LIMPINHA!

O PASSEIO ESTAVA QUASE ACABANDO, ENTÃO ELES PARARAM PARA FAZER UM PIQUENIQUE E DESCANSAR. MAS, DE REPENTE, SOPROU UM VENTO MAIS FRIO, E O CÉU FICOU CHEIO DE NUVENS ESCURAS!

—SERÁ QUE VAI FICAR ESCURO ENQUANTO A GENTE AINDA ESTIVER ANDANDO NO MEIO DAS ÁRVORES? — PERGUNTOU VITÓRIA, UM POUCO ASSUSTADA.

— SE FICAR, VAI SER MUITO LEGAL, PORQUE EU TROUXE A LANTERNA DO MEU PAI! — DISSE ENZO, TODO ANIMADO.

— EU NÃO VEJO NADA DE LEGAL NISSO! — DISSE ISABELLA, CHEGANDO BEM PERTINHO DE UMA DAS PROFESSORAS, MEIO PREOCUPADA.

OUVINDO TODA A CONVERSA DAS CRIANÇAS, O GUIA DO PASSEIO LOGO EXPLICOU:

— FIQUEM TRANQUILOS, CRIANÇAS! NÓS ESTAMOS PERTINHO DO PORTÃO, FALTAM SÓ ALGUNS PASSOS.

TODO MUNDO SUSPIROU ALIVIADO, MENOS JOÃO, QUE CONTINUOU CALMO O TEMPO TODO.

— VOCÊ NÃO ESTAVA COM MEDO? — PERGUNTARAM OS AMIGOS.

— EU ESTAVA PENSANDO NAS PALAVRAS DE JESUS. ELE DISSE QUE QUEM ANDA COM ELE NUNCA VAI FICAR NO ESCURO! — RESPONDEU JOÃO, SORRINDO.

ORAÇÃO

QUERIDO JESUS, EU QUERO ANDAR CONTIGO, CONFIANDO QUE NUNCA VOU ANDAR NO ESCURO! AMÉM!

LEITURA BÍBLICA: JOÃO 12.46

COM JESUS NÃO HÁ ESCURIDÃO!

OS AMIGOS AINDA ESTAVAM NO PARQUE, ESPERANDO O ÔNIBUS PARA IREM PARA CASA. MESMO ASSIM, ELES CONTINUAVAM BRINCANDO E CONVERSANDO SOBRE COMO SERIA SE TIVESSEM DE FICAR A NOITE TODA LÁ NA MATA.

OS MENINOS ESTAVAM CONTANDO UMAS HISTÓRIAS PARA ASSUSTAR AS MENINAS E RIAM MUITO QUANDO ELAS FICAVAM COM MEDO. MAS VALENTINA NÃO TINHA MEDO! ELA ERA VALENTE, IGUALZINHO AO NOME DELA.

— EU SEI QUE VOCÊS SÓ QUEREM NOS ASSUSTAR, MAS EU NÃO TENHO MEDO! — DISSE VALENTINA. — JESUS É A LUZ DO MUNDO TODO! COM ELE, A GENTE NUNCA ANDA NO ESCURO. EU ACREDITO QUE, SE FICASSE DE NOITE DE VERDADE, JESUS VIRIA E ACENDERIA A LUZ NO NOSSO CAMINHO ATÉ A SAÍDA!

VALENTINA ERA MESMO UMA MENINA QUE CONFIAVA MUITO EM DEUS! ELA PARECIA MAIS DELICADA E, ÀS VEZES, ANDAVA MAIS DEVAGAR QUE AS AMIGAS, MAS ELA TINHA CORAGEM DE SOBRA! POR ISSO, QUANDO PRECISAVAM, AS AMIGAS SEMPRE PROCURAVAM NELA AJUDA E FORÇA.

VOCÊ TAMBÉM PODE SER ALGUÉM DE CORAGEM QUE AJUDA SEUS AMIGOS A CONFIAREM EM JESUS! JESUS É A LUZ DO MUNDO E ILUMINA QUALQUER LUGAR OU SITUAÇÃO QUE PAREÇA ESCURA. COMO VALENTINA, A GENTE DEVE ACREDITAR E IR EM FRENTE!

ORAÇÃO

QUERIDO JESUS, O SENHOR É A MINHA LUZ, POR ISSO NÃO TENHO MEDO! AMÉM.

A BELEZA DO CORAÇÃO

VITÓRIA TINHA UMA FESTA PARA IR E ESTAVA SE ARRUMANDO. ELA TINHA TRÊS VESTIDOS LINDOS: UM AMARELO, UM ROSA E UM LILÁS. MAS... QUAL ESCOLHER? ELA IA E VOLTAVA, OLHANDO PARA O GUARDA-ROUPA, INDECISA.

A MAMÃE ENTROU NO QUARTO E VIU A CARINHA PREOCUPADA DA FILHA.

— O QUE FOI, MINHA FILHA? POR QUE VOCÊ AINDA NÃO SE VESTIU?

VITÓRIA FEZ UM BIQUINHO E RESPONDEU:

— EU QUERO ESTAR LINDA HOJE! MAS NÃO CONSIGO ESCOLHER QUAL VESTIDO USAR. SE EU NÃO ESTIVER BONITA, VÃO ACHAR QUE NÃO SOU BOA O SUFICIENTE!

— VOU CONTAR UMA HISTÓRIA DA BÍBLIA. UM DIA, DEUS FALOU COM UM PROFETA, ALGUÉM QUE ESCUTA DEUS E CONTA ÀS PESSOAS O QUE ELE DISSE. DEUS PEDIU QUE SAMUEL FOSSE À CASA DE JESSÉ, POIS UM DOS FILHOS DELE SERIA O NOVO REI. QUANDO SAMUEL VIU O MAIS VELHO, FORTE E BONITO, ACHOU QUE ERA ELE. MAS DEUS DISSE: “SAMUEL, EU NÃO ESCOLHO COMO AS PESSOAS ESCOLHEM. ELAS OLHAM O EXTERIOR, MAS EU OLHO O CORAÇÃO!”.

— AINDA NÃO ENTENDI MUITO BEM, MAMÃE...

— É ASSIM, FILHA. NÃO IMPORTA A COR DO VESTIDO. DEUS SE IMPORTA COM SEU AMOR, SUA BONDADE, TUDO O QUE VOCÊ FAZ COM O CORAÇÃO.

VITÓRIA PEGOU O VESTIDO LILÁS.

— VOU VESTIR O QUE EU MAIS GOSTO. DEUS JÁ SABE QUE QUERO FAZER TUDO COM AMOR!

ORAÇÃO

OBRIGADO, DEUS, POR VER TUDO O QUE TEM NO MEU CORAÇÃO. AMÉM.

LEITURA BÍBLICA: LUCAS 1.41-45

NA BARRIGA DA MAMÃE

OS AVÓS DE GABRIEL CONVIDARAM TODOS OS AMIGOS PARA UMA NOITE DE FILME. ENQUANTO A PIPOCA NÃO FICAVA PRONTA, TODO MUNDO COMEÇOU A CONVERSAR SOBRE COMO ERAM QUANDO AINDA ERAM BEBÊS!

— MINHA MÃE DISSE QUE EU ERA BOCHECHUDA! — CONTOU ISABELLA.

— A MINHA DISSE QUE EU NASCI CARECA! — DISSE ENZO, E TODOS RIRAM.

ENZO DISSE:

— EU NÃO LEMBRO DE NADA! ACHO QUE EU SÓ SABIA MAMAR E DORMIR! MAS UMA COISA EU SEI: MINHA MÃE CONTOU QUE, QUANDO MEU PAI FALAVA PERTO DA BARRIGA DELA, EU DAVA PULINHOS DE ALEGRIA!

ISABELLA, QUE ADORAVA HISTÓRIAS DA BÍBLIA, LOGO LEMBROU DE UMA:

— AH! IGUAL AO JOÃO BATISTA QUANDO ELE AINDA ESTAVA NA BARRIGA DA MAMÃE DELE, ISABEL. QUANDO MARIA, GRÁVIDA DE JESUS, FOI VISITAR ISABEL, JOÃO COMEÇOU A PULAR DE ALEGRIA! ELE SABIA QUE JESUS ESTAVA CHEGANDO.

VALENTINA DISSE:

— É QUE TODO MUNDO FICA FELIZ QUANDO SABE QUE JESUS ESTÁ POR PERTO, NÉ?

GABRIEL COMPLETOU:

— SIM! E JESUS CONHECE A GENTE DESDE A BARRIGA DA MAMÃE. ELE VÊ TUDO E ESTÁ SEMPRE PERTINHO! E SABE O MAIS INCRÍVEL? MESMO ANTES DE VOCÊ NASCER, DEUS JÁ SABIA QUEM VOCÊ SERIA. ELE CONHECE VOCÊ TODINHO: POR DENTRO E POR FORA! E AMA VOCÊ EXATAMENTE COMO É!

ORAÇÃO

DEUS PAI, OBRIGADO POR ME CONHECER E ME AMAR DESDE ANTES DE EU NASCER! AMÉM!

ANTES DE ESTAR NA BARRIGA

AS CRIANÇAS ESTAVAM CONVERSANDO E A VOVÓ DE GABRIEL CHEGOU COM UMA BACIA ENORME DE PIPOCA!

— SABIAM QUE DEUS JÁ CONHECIA CADA UM DE VOCÊS MUUUUITO ANTES DE ESTAREM NA BARRIGA DA MAMÃE? — PERGUNTOU A VOVÓ. — O REI DAVI ESCREVEU NA BÍBLIA QUE DEUS JÁ SABIA TUDO SOBRE NÓS ANTES MESMO DE TERMOS MÃOZINHA, PEZINHO OU NARIZINHO... ELE JÁ CONHECIA ATÉ O NOSSO NOME!

— UAU! ISSO É MUITO LEGAL! — EXCLAMOU JOÃO.

— É SIM, MEU AMOR — CONTINUOU A VOVÓ. — DEUS É O NOSSO PAPAI DO CÉU. ELE CONHECE TUDO SOBRE A GENTE, POR DENTRO E POR FORA! A GENTE PODE FALAR COM ELE SOBRE QUALQUER COISA, PORQUE ELE NOS AMA E CUIDA DA GENTE DESDE SEMPRE — DISSE A VOVÓ.

— É POR ISSO QUE ELE É O NOSSO DEUS PAI! — DISSE ISABELLA. — QUANDO CHEGAR EM CASA, VOU ESCREVER UMA CARTA AGRADECENDO A ELE POR SER.

— ESPERA! PELO QUÊ? — PERGUNTOU ENZO.

É VERDADE! EU JÁ ESCREVI UMA CARTA SUPERESPECIAL PARA ELE. EU O AMO MUITO — DISSE GABRIEL.

— JÁ SEI! QUE TAL A GENTE PARAR DE ASSISTIR AO FILME E FAZER CARTINHAS LINDAS PARA DEUS PAI? O QUE VOCÊS ACHAM? — SUGERIU JOÃO.

— SIIIIM! — RESPONDERAM TODOS, ANIMADOS.

AGORA É SUA VEZ! ESCREVA UMA CARTA OU FAÇA UM DESENHO PARA AGRADECER A DEUS PAI POR SER UM PAI TÃO AMOROSO. O QUE VOCÊ QUER DIZER A ELE?

ORAÇÃO

QUERIDO DEUS, HOJE EU TE AGRADEÇO POR SER O MEU PAI. AMÉM.

LEITURA BÍBLICA: LUCAS 12.7

QUANTO CABELO VOCÊ TEM?

OS AMIGOS COMBINARAM DE LANCHAR JUNTOS, MAS ENZO CHEGOU UM POUQUINHO ATRASADO, PORQUE ESQUECEU O LANCHE EM CASA E TEVE DE VOLTAR PARA BUSCAR. QUANDO ELE CHEGOU, TODOS OS OUTROS AMIGOS JÁ ESTAVAM LÁ, MENOS GABRIEL!

— UÉ, CADÊ O GABRIEL? — PERGUNTOU ENZO.

— ELE ESTÁ ALI NA FRENTE! — DISSE ISABELLA.

GABRIEL ERA O PRIMEIRO DA FILA PARA UM DESAFIO SUPERDIVERTIDO.

— VOCÊ QUER BRINCAR TAMBÉM, ENZO? — PERGUNTOU GABRIEL, ANIMADO.

— QUAL É A BRINCADEIRA?

— O DESAFIO É DESCOBRIR QUANTOS FIOS DE CABELO O GABRIEL TEM NA CABEÇA! — DISSE JOÃO.

ENZO FEZ CARA DE ESPANTO.

— COMO A GENTE VAI FAZER ISSO?

GABRIEL RIU E EXPLICOU:

— A GENTE LEU NA BÍBLIA QUE DEUS SABE QUANTOS FIOS DE CABELO CADA PESSOA TEM! E ELES ESTÃO CONTANDO OS MEUS.

VITÓRIA DISSE:

— SÓ DEUS MESMO PARA SABER ISSO. É COMO CONTAR OS GRÃOZINHOS DE AREIA DA PRAIA. NINGUÉM CONSEGUE, SÓ DEUS! E A BÍBLIA CONTA ISSO PARA A GENTE SABER QUE DEUS SE IMPORTA MUITO COM CADA UM!

— IGUAL AOS GRÃOS DE AREIA DA PRAIA? UAU! — EXCLAMOU GABRIEL. — EU NÃO VOU FICAR ESPERANDO VOCÊS CONTAREM, NÃO! ESTOU COM FOME!

TODOS RIRAM E FORAM LANCHAR JUNTOS. ELES PENSARAM EM COMO DEUS É SÁBIO E PODEROSO!

ORAÇÃO

QUERIDO DEUS, OBRIGADO POR CUIDAR DE MIM E DE TODAS AS COISINHAS DA MINHA VIDA. AMÉM.

COMO VOCÊ SABE?

ENZO ESTAVA NO QUARTO FAZENDO UMA ATIVIDADE. DE REPENTE... QUE CHEIRINHO GOSTOSO! ERA UM CHEIRO TÃO BOM QUE ELE NEM CONSEGUIU TERMINAR A TAREFA. ENTÃO, ELE SE LEVANTOU E CORREU PARA A COZINHA!

— HMM... É O MEU BOLO FAVORITO!

A MÃE DELE JÁ ESTAVA ESPERANDO E DISSE:

— SIM, É O SEU BOLO PREFERIDO!

— MAS, MAMÃE... COMO A SENHORA SABIA QUE EU QUERIA ESSE BOLO? — PERGUNTOU ENZO, SURPRESO.

— AH, MEU FILHO... QUANDO A GENTE AMA MUITO ALGUÉM, SABE ATÉ DO QUE GOSTA! VOCÊ É MEU FILHO, E EU PRESTO ATENÇÃO EM TUDO SOBRE VOCÊ.

— MÃE! A SENHORA SABE TUDO MESMO? — PERGUNTOU ENZO, COM OS OLHOS ARREGALADOS!

— SÓ DEUS SABE DE TUDO! LEMBRA DA HISTÓRIA DE JESUS E A MULHER QUE FOI BUSCAR ÁGUA NO POÇO? JESUS SABIA TUDO SOBRE ELA! É QUE JESUS SE IMPORTAVA COM ELA E QUERIA AJUDÁ-LA. A MULHER TAMBÉM FICOU SURPRESA QUANDO JESUS DISSE QUE SABIA TUDO, MAS DEPOIS ELA ENTENDEU QUE ERA PORQUE JESUS A AMAVA DE VERDADE!

— DEUS AMA A GENTE DE VERDADE, NÃO É, MÃE? ATÉ SABIA QUE EU ESTAVA QUERENDO ESSE BOLO! — DISSE ENZO.

— SABIA, SIM, MEU FILHO... E ELE AMA MUITO VOCÊ, DE VERDADE! — RESPONDEU A MAMÃE, COM TERNURA.

ORAÇÃO

OBRIGADO, DEUS, PORQUE O SENHOR ME CONHECE E CUIDA DE MIM. AMÉM.

RAÍZES BEM FORTES!

VITÓRIA ESTAVA AJUDANDO A MAMÃE NO QUINTAL! ELAS PRECISAVAM VER COMO ESTAVAM AS RAÍZES DAS PLANTAS E CHECAR SE PRECISAVAM CORTAR ALGUMA COISA OU SE ERA HORA DE MUDAR AS PLANTINHAS PARA UM VASO MAIOR.

ENQUANTO FAZIAM ISSO, A MAMÃE DE VITÓRIA DISSE:

— SABE, FILHA, COMO AS PLANTAS PRECISAM DE RAÍZES FORTES PARA CRESCER, A GENTE TAMBÉM PRECISA CUIDAR DAS NOSSAS RAÍZES! ÀS VEZES, A GENTE PRECISA AJUSTAR ALGUMAS COISAS OU DEIXAR DE LADO O QUE NÃO É BOM PARA PODER CRESCER E DAR FRUTOS BONS! SEM JESUS, A GENTE NÃO VIVE DE VERDADE! SE A GENTE ENCHER O NOSSO CORAÇÃO DE COISAS BOAS, COMO A PALAVRA DE DEUS E A ORAÇÃO, VAMOS CRESCER FORTES E DAR MUITOS FRUTOS!

— QUE LEGAL! MAS ESSA PLANTINHA PARECE ESTAR DOENTE. — DISSE VITÓRIA, MOSTRANDO UMA PLANTINHA MURCHA.

— FILHA, ELA ESTÁ TRISTINHA POR CAUSA DAS RAÍZES. MAS, CALMA, A GENTE VAI CUIDAR DELA, E LOGO, LOGO ELA VAI FICAR BOA!

VITÓRIA ENTENDEU QUE, PARA FICAR FORTE E BEM PERTINHO DE DEUS PAI, A GENTE PRECISA LER A BÍBLIA E ORAR TODOS OS DIAS. ASSIM, NOSSAS RAÍZES CRESCEM FORTES E A GENTE CONSEGUE FAZER COISAS BOAS, COMO JESUS QUER QUE A GENTE FAÇA!

ORAÇÃO

QUERIDO DEUS, QUERO CRESCER FORTE EM TI E DAR BONS FRUTOS. AMÉM.

LEITURA BÍBLICA: ATOS 9.36

UM BOM CORAÇÃO

ISABELLA CONVIDOU VALENTINA E VITÓRIA PARA UMA TARDE. ELAS BRINCAVAM ENQUANTO A MÃE DE ISABELLA PREPARAVA BISCOITOS.

ISABELLA PERGUNTOU:

— JÁ PENSARAM NO QUE A GENTE VAI SER QUANDO CRESCER?

— ACHO QUE QUERO SER ENFERMEIRA! AS ENFERMEIRAS SEMPRE SÃO LEGAIS COMIGO, ME DÃO ADESIVOS E FAZEM TUDO PARECER FÁCIL! — DISSE VALENTINA.

— EU ACHO QUE VOU SER PROFESSORA OU TALVEZ ESCRITORA!

VITÓRIA OLHAVA QUIETA PELA JANELA.

— E VOCÊ, VITÓRIA? QUER SER CANTORA FAMOSA?

VITÓRIA SE VIROU E DISSE:

— QUERO SER COMO A DORCAS!

— QUEM É ESSA? — PERGUNTOU VALENTINA.

— É UMA MULHER DA BÍBLIA. A MAMÃE ME CONTOU. ELA AJUDAVA VIÚVAS, QUE SÃO MULHERES QUE NÃO TEM MAIS SEUS MARIDOS, FAZIA ROUPAS E TINHA UM CORAÇÃO MUITO BOM! MAS, UM DIA, ELA FICOU MUITO DOENTE E MORREU...

— AH, QUE TRISTE... — DISSE VALENTINA.

— MAS NÃO ACABOU ASSIM! AS VIÚVAS MOSTRARAM O QUE DORCAS FAZIA E PEDRO, AMIGO DE JESUS, OROU. PELO PODER DE JESUS, DORCAS VOLTOU A VIVER! QUERO SER BONDOSA COMO ELA E AJUDAR QUEM PRECISA.

— UAU! QUE LINDO! ENTÃO VAMOS SER TODAS COMO A DORCAS! EU SEREI PROFESSORA DORCAS, A VALENTINA, ENFERMEIRA DORCAS; A VITÓRIA, CANTORA DORCAS! — DISSE ISABELLA.

E TODAS SORRIRAM, CONCORDANDO COM A IDEIA.

ORAÇÃO

QUERIDO DEUS, DÁ-ME UM CORAÇÃO BOM. AMÉM.

VOCÊ GOSTA DE MÚSICA, AMIGUINHO? QUE TAL DEIXAR ESSES INSTRUMENTOS BEM BONITOS?

PARTE 2

JESUS CUIDA DE MIM COM MUITO AMOR

DIVERSÃO EM FAMÍLIA

PINTE O DESENHO BEM BONITO.

ELE ME MOSTRA O CAMINHO

TODA SEXTA-FEIRA, NA CASA DO JOÃO, ERA DIA DE FEIRA! TODOS ADORAVAM COMER PASTEL LÁ! ELES IAM ANDANDO E CONVERSANDO. MAS, NAQUELA VEZ, JOÃO VIU UMA BARRACA DE JOGOS.

ELE FICOU TÃO EMPOLGADO QUE NEM PERCEBEU QUE SUA FAMÍLIA CONTINUOU ANDANDO. QUANDO OLHOU PARA OS LADOS, SENTIU-SE PERDIDO.

— EU ME PERDI! — EXCLAMOU JOÃO.

ELE SABIA ONDE ESTAVA, MAS, PARECIA QUE SUA FAMÍLIA TINHA SUMIDO. EM VEZ DE FICAR DESESPERADO, JOÃO SE LEMBROU DE QUE O ESPÍRITO SANTO SEMPRE NOS AJUDA.

ENTÃO, ELE OROU:

— ESPÍRITO SANTO, POR FAVOR, ME MOSTRA ONDE ESTÁ A MINHA FAMÍLIA!

DE REPENTE, ELE VIU UMA MENINA DE VESTIDO AMARELO, E PENSOU: “SERÁ QUE É ISABELLA?”. ELE ANDOU E ANDOU ATÉ QUE SENTIU UMA MÃO NO SEU OMBRO!

— AONDE VOCÊ ESTÁ INDO, MOCINHO?

ERA SEU PAI! UFA! SEU PASTEL JÁ ESTAVA PRONTO, QUENTINHO E GOSTOSO.

VOCÊ TAMBÉM PODE OUVIR O ESPÍRITO SANTO! QUANDO PRECISAR DE AJUDA OU SE SENTIR PERDIDO, FECHE OS OLHINHOS E PEÇA PARA ELE AJUDAR VOCÊ. ELE É SEU AMIGO E SEMPRE VAI ESTAR COM VOCÊ!

ORAÇÃO

ESPÍRITO SANTO, OBRIGADO POR ME AJUDAR QUANDO EU PRECISO. AMÉM!

DIA 033

LEITURA BÍBLICA: MATEUS 6.14

VAMOS PERDOAR?

GABRIEL ESTAVA NO COLO DO VOVÔ E COMEÇOU A CHORAR! ELE FICOU DE PÉ, ENXUGOU AS LÁGRIMAS E DISSE PARA O VOVÔ:

— VOVÔ, A GENTE PRECISA FAZER ALGUMA COISA COM OS MENINOS NOVOS QUE SE MUDARAM PARA A CASA DA FRENTE!

— SÃO OS SEUS NOVOS AMIGOS? — PERGUNTOU O VOVÔ, CURIOSO.

— AMIGOS? NÃO! — RESPONDEU GABRIEL. — NUNCA VOU SER AMIGO DELES!

GABRIEL CONTOU QUE, NO DIA ANTERIOR, ZILU, A CACHORRINHA DELE, FICOU MUITO NERVOSA COM A MUDANÇA E COMEÇOU A LATIR. GABRIEL CORREU PARA O QUINTAL E VIU OS MENINOS JOGAREM PEDRAS NA ZILU PARA ELA FICAR QUIETA! QUANDO GABRIEL APARECEU, OS MENINOS SAÍRAM CORRENDO!

— VOVÔ, ELES NÃO PODIAM TER FEITO ISSO! — DISSE O GABRIEL, REVOLTADO. — AINDA BEM QUE NÃO ACERTARAM A ZILU, MAS ELA PODERIA TER SE MACHUCADO DE VERDADE!

— SIM, É VERDADE. PODERIA TER ACONTECIDO ALGO PIOR, MAS, GRAÇAS A DEUS, A ZILU ESTÁ BEM! ELES NÃO SABIAM QUE ZILU É BOAZINHA E NÃO CONHECIAM VOCÊ. NÃO DEVEMOS MACHUCAR OS ANIMAIS, MAS VOCÊ PODE SER QUEM VAI ENSINAR ISSO A ELES.

— EU??

— SIM, VOCÊ! PERDOE O QUE ELES FIZERAM E SEJA AMIGO DELES. ASSIM, EM VEZ DE BRIGAR, VOCÊ PODE CONVERSAR E EXPLICAR QUE OS ANIMAIS MERECEM CARINHO. ISSO SERÁ UMA ÓTIMA OPORTUNIDADE PARA FAZER O QUE JESUS FARIA.

ORAÇÃO

QUERIDO DEUS, ME AJUDA A PERDOAR COMO O SENHOR ME PERDOA. AMÉM.

FORTES E CORAJOSOS

VALENTINA ESTAVA FAZENDO O DEVOCIONAL. ELA LIA A BÍBLIA E CONVERSAVA COM DEUS PAI. NAQUELE DIA, VALENTINA LEU A HISTÓRIA DE JOSUÉ. ELE FOI MUITO CORAJOSO E AJUDOU O POVO A ENTRAR NUMA TERRA MUITO ESPECIAL QUE DEUS TINHA PROMETIDO PARA ELES!

JOSUÉ FICOU MEIO TRISTINHO E COM MEDO PORQUE SEU ANTIGO LÍDER HAVIA MORRIDO. ELE PENSOU: “E AGORA? QUEM VAI AJUDAR O POVO? EU NÃO SOU FORTE O BASTANTE PARA ISSO!”.

MAS, AÍ, SABE O QUE ACONTECEU? DEUS FALOU COM JOSUÉ! DEUS DISSE ASSIM:
— JOSUÉ, SEJA FORTE E CORAJOSO! NÃO TENHA MEDO, PORQUE EU ESTOU AQUI PARA AJUDAR VOCÊ!

VALENTINA FICOU ANIMADA COM A HISTÓRIA, PULOU DA CAMA E SE OLHOU BEM DE PERTINHO E DISSE, CHEIA DE ALEGRIA:

— EU SOU FORTE E CORAJOSA! DEUS ESTÁ COMIGO! EU NÃO TENHO MEDO! IGUALZINHO AO JOSUÉ, EU VOU FAZER COISAS INCRÍVEIS!

A MÃE DA VALENTINA OUVIU E PERGUNTOU:

— VALENTINA, ESTÁ TUDO BEM AÍ?

ELA RESPONDEU, TODA ANIMADA:

— ESTÁ TUDO ÓTIMO, MAMÃE! EU SOU FORTE E CORAJOSA!

A MÃE SORRIU E DISSE:

— AMÉM, MINHA FILHA! QUANTA ANIMAÇÃO LOGO CEDO, HEIN?! VAMOS TOMAR CAFÉ, ENTÃO?

VALENTINA GRITOU:

— UHUUUL! VAMOS, SIM!

ORAÇÃO

QUERIDO DEUS, OBRIGADO POR ME FAZER FORTE E CORAJOSO. AMÉM.

LEITURA BÍBLICA: ÊXODO 4.10-12

ESTÁ TUDO CERTO!

JOÃO ESTAVA COM FRIO NA BARRIGA. A PROFESSORA DE INGLÊS TINHA PEDIDO PARA ELE FAZER UMA APRESENTAÇÃO.

"ESTOU TÃO NERVOSO", PENSOU JOÃO. "QUANDO ABRO A BOCA, NADA SAI! O QUE EU VOU FAZER?"

ELE RESPIROU FUNDO, FECHOU OS OLHOS E OROU BEM BAIXINHO, PEDINDO PARA DEUS AJUDÁ-LO A FICAR CALMO. DE REPENTE, ELE SE LEMBROU DE UMA HISTÓRIA DA BÍBLIA SOBRE UM HOMEM MUITO IMPORTANTE QUE TAMBÉM ACHAVA DIFÍCIL FALAR.

DEPOIS DE FUGIR DO EGITO, MOISÉS FOI MORAR NO DESERTO, ONDE CUIDAVA DAS OVELHAS DO SEU SOGRO. UM DIA, ELE VIU UMA COISA MUITO DIFERENTE: UM ARBUSTO PEGANDO FOGO, MAS QUE NÃO QUEIMAVAM!

QUANDO CHEGOU MAIS PERTO, MOISÉS OUVIU A VOZ DE DEUS! O SENHOR PEDIU QUE ELE VOLTASSE AO EGITO E FALASSE COM O FARAÓ PARA LIBERTAR O POVO DELE. MOISÉS DISSE QUE NÃO SABIA FALAR DIREITO E NÃO IA CONSEGUIR. ENTÃO DEUS DISSE PARA MOISÉS NÃO TER MEDO, PORQUE ELE ESTARIA PRESENTE O TEMPO TODO PARA AJUDÁ-LO.

"SE EU ACREDITAR QUE DEUS ESTÁ COMIGO, O MEDO VAI EMBORA. E EU VOU CONSEGUIR FALAR! DEUS VAI ME AJUDAR!" — AFIRMOU JOÃO PARA SI MESMO.

FOI ASSIM QUE JOÃO FEZ, CONFIOU EM DEUS E FALOU INGLÊS DIREITINHO NA APRESENTAÇÃO DA ESCOLA! ATÉ RECEBEU UM ELOGIO DA PROFESSORA! TUDO ISSO COM A AJUDA DE DEUS PAI!

ORAÇÃO

OBRIGADO, DEUS, POR ME AJUDAR. COM O SENHOR, EU FICO FORTE! AMÉM.

LEITURA BÍBLICA: SALMOS 84.12

DIA 036

MEU AJUDADOR

ENZO ESTAVA CONCENTRADO NAS CONTAS DE MATEMÁTICA. DE REPENTE, ELE SENTIU UM CHEIRINHO GOSTOSO E PENSOU: "BISCOITOS!".

ELE FOI PEGAR UM COPO DE ÁGUA, MAS, QUANDO VIU OS BISCOITOS, NÃO RESISTIU! COMEU UM, DOIS E SE ESQUECEU DAS CONTAS!

QUANDO A MAMÃE VIU, PERGUNTOU:

— ACABOU O DEVER, ENZO?

— IH, ESQUECI! — DISSE ENZO, CORRENDO DE VOLTA PARA O QUARTO.

ELE QUERIA ÁGUA, MAS OS BISCOITOS O FIZERAM SE DISTRAIR E PENSAR QUE JÁ TINHA TERMINADO A LIÇÃO, MAS AINDA TINHA MUITAS CONTAS PARA FAZER!.

ANTES, ENZO FICARIA BEM CHATEADO E JOGARIA O CADERNO LONGE! MAS, AGORA, ELE TINHA APRENDIDO ALGO MUITO LEGAL COM DEUS PAI: QUANDO A GENTE SE ATRAPALHA, O MELHOR É PARAR, RESPIRAR E PEDIR AJUDA A DEUS! NA BÍBLIA, NO LIVRO DE SALMOS, ESTÁ ESCRITO QUE QUEM CONFIA EM DEUS PAI É MUITO FELIZ!

ENZO ESTAVA PRATICANDO ISSO, FICANDO MAIS CALMO E PEDINDO AJUDA A DEUS PAI. ENTÃO, ELE RESPIROU FUNDO, FECHOU OS OLHINHOS E FALOU COM DEUS PAI:

— DEUS, ME AJUDA A TERMINAR ESTAS CONTAS, POR FAVOR!

E SABE O QUE ACONTECEU? ELE FICOU CALMO E CONSEGUIU FAZER TUDO RAPIDINHO!

EM SEGUIDA, ELE CORREU ATÉ A COZINHA E FALOU PARA A MAMÃE:

— PRONTO, MAMÃE! AGORA, SIM! ANTES FOI SÓ UMA PAUSA... PARA OS SEUS BISCOITOS DELICIOSOS... TEM MAIS?

ORAÇÃO

QUERIDO DEUS, EU CONFIO EM TI DE TODO O CORAÇÃO. AMÉM.

LEITURA BÍBLICA: ROMANOS 12.1

AMOR SINCERO

GABRIEL CHEGOU DA ESCOLA CORRENDO E TODO ANIMADO.

— VOVÔ, HOJE É UM DIA MUITO IMPORTANTE! PRECISO ALMOÇAR, FAZER A LIÇÃO DE CASA E ME ARRUMAR!

O VOVÔ OLHOU PARA A VOVÓ E PERGUNTOU SE HAVIA ALGUM COMPROMISSO, MAS A VOVÓ FEZ CARINHA DE "EU NÃO SEI DE NADA!".

GABRIEL TOMOU BANHO E ARRUMOU OS CADERNOS NA MESA. ASSIM QUE ELE IA FAZER A LIÇÃO.

— QUERIDO DEUS, OBRIGADO PELA COMIDA E PELO MEU COMPROMISSO DE HOJE. AMÉM!

O VOVÔ PERGUNTOU:

— MAS QUE COMPROMISSO É ESSE, GABRIEL?

— VOVÔ, EU DECIDI PERDOAR OS VIZINHOS NOVOS! O SENHOR LEMBRA DAQUELE DIA EM QUE ELES JOGARAM PEDRA NA ZILU? EU FIQUEI MUITO CHATEADO, MAS LEMBREI DO QUE O SENHOR ME DISSE E TAMBÉM APRENDI NA IGREJA QUE A GENTE TEM QUE AMAR DE VERDADE. ENTÃO, CHAMEI ELES PARA BRINCAR HOJE. ELES ACEITARAM, MAS ESTÃO COM MEDO DA ZILU!

— MAS A ZILU NÃO MORDE!

— EU FALEI PARA ELES QUE ELA É BOAZINHA.

DEUS CONHECE A GENTE POR DENTRO E POR FORA! ELE SABE QUANDO AMAMOS DE VERDADE E QUANDO ESTAMOS SÓ FINGINDO. GABRIEL MOSTROU QUE AMA DE VERDADE QUANDO PERDOOU OS VIZINHOS E OS CHAMOU PARA BRINCAR!

COMO VOCÊ PODE MOSTRAR QUE AMA ALGUÉM DE VERDADE? VAMOS FAZER ALGO PARA PRATICAR ESSE AMOR?

ORAÇÃO

QUERIDO DEUS, AJUDA-ME A AMAR DE CORAÇÃO, SEM FINGIR. AMÉM.

LEITURA BÍBLICA: MARCOS 2.3-12

DIA 038

café com Deus Pai KIDS

A IMPORTÂNCIA DOS AMIGOS

VITÓRIA TOCA PIANO, E ELA É MUITO BOA! ELA TERMINOU TODAS AS AULAS ANTES DO FINAL DO ANO. A PROFESSORA FICOU TÃO FELIZ QUE PREPAROU UMA SURPRESA!

— VITÓRIA — DISSE A PROFESSORA —, VOCÊ APRENDEU TUDO TÃO RÁPIDO! QUE TAL CONHECER OS COLEGAS DA TURMA QUE JÁ SABE UM POUQUINHO MAIS?

VITÓRIA FICOU UM POUQUINHO TÍMIDA COM AS CRIANÇAS QUE NÃO CONHECIA. NA AULA, ELA FICOU BEM QUIETINHA.

QUANDO CHEGOU EM CASA, CONTOU TUDO PARA A MAMÃE. A MAMÃE PERCEBEU QUE A VITÓRIA ESTAVA UM POUCO PREOCUPADA.

— VITÓRIA, VOCÊ TEM UMA CHANCE INCRÍVEL DE CONHECER NOVAS CRIANÇAS! SEUS AMIGOS ANTIGOS CONTINUAM SENDO SEUS AMIGOS, E AGORA VOCÊ TERÁ NOVOS! AMIGOS SÃO PRESENTES DE DEUS! LEMBRA DA HISTÓRIA DAQUELE HOMEM NA BÍBLIA QUE NÃO PODIA ANDAR? FORAM OS AMIGOS DELE QUE O AJUDARAM A CHEGAR ATÉ JESUS. VIU COMO OS AMIGOS SÃO IMPORTANTES?

— É VERDADE, MAMÃE! FIQUEI UM POUQUINHO TÍMIDA, MAS UMA MENINA FOI BEM LEGAL COMIGO E ME EMPRESTOU A PASTA DE MÚSICAS DELA. OLHA, MAMÃE, ESTÁ AQUI NA MINHA MOCHILA! QUER VER?

— QUE LEGAL! NA PRÓXIMA AULA, VOCÊ PODE CONVIDÁ-LA PARA VIR AQUI EM CASA PARA COMER BOLO COM A GENTE. VAI SER MUITO DIVERTIDO CONHECER SUA NOVA AMIGUINHA!

ORAÇÃO

QUERIDO DEUS, OBRIGADO PELOS AMIGOS QUE O SENHOR COLOCA EM MINHA VIDA. AMÉM.

DIA 039

LEITURA BÍBLICA: MARCOS 12.41-44

O QUE VALE É O CORAÇÃO

OS MENINOS ESTAVAM JOGANDO BOLA. GABRIEL CHUTOU COM TODA A FORÇA, E... PUF! A BOLA VOOU ALTO, BATEU NA ÁRVORE E FUROU! QUE CHATO!

ENTÃO, ELES COMBINARAM QUE CADA UM IA GUARDAR UM POUQUINHO DA SUA MESADA. NO FIM DO MÊS, CADA UM DARIA DEZ MOEDINHAS.

CHEGOU O DIA! JOÃO COMEÇOU A CONTAR AS MOEDINHAS:

— UM, DOIS, TRÊS... VINTE MOEDINHAS! ENZO, VOCÊ TROUXE AS SUAS?

ENZO FICOU VERMELHINHO E DISSE:

— EU SÓ TENHO DUAS MOEDINHAS...

GABRIEL PERGUNTOU:

— VOCÊ GASTOU TUDO EM DOCES?

— EU TINHA DEZ MOEDINHAS, MAS ONTEM, NA FILA DA CANTINA, UMA MENINA NÃO TINHA TODO O DINHEIRO PARA COMPRAR O LANCHE, EU AJUDEI. DESCULPA!

JOÃO SORRIU E DISSE:

— ENZO, NÃO TEM PROBLEMA! VOCÊ FEZ UMA COISA MUITO BOA! SABE, JESUS FALOU DE UMA SENHORA QUE DEU SÓ DUAS MOEDINHAS NA OFERTA, MAS FOI TUDO O QUE ELA TINHA. E JESUS DISSE QUE ELA DEU MAIS QUE TODOS! O IMPORTANTE É A INTENÇÃO COM QUE A GENTE FAZ AS COISAS.

GABRIEL FALOU:

— MAS ESPEREM! EU TENHO MAIS UMAS MOEDINHAS AQUI NO BOLSO. O VOVÔ ME DEU HOJE!

JOÃO ABRIU UM SORRISO.

— QUE LEGAL! ENTÃO, JUNTANDO TUDO, A GENTE TEM O DINHEIRO TODINHO PARA A BOLA NOVA!

ORAÇÃO

QUERIDO DEUS, OBRIGADO POR VER O MEU CORAÇÃO.AMÉM!

VAMOS SEPARAR UMAS MOEDINHAS PARA AJUDAR ALGUÉM? PODE SER SÓ DUAS, O QUE VALE É FAZER ISSO COM AMOR NO CORAÇÃO! COMBINADO?

PASSOS PROTEGIDOS

VALENTINA AMAVA IR AO PARQUE NO DOMINGO! ELA BRINCAVA NOS BRINQUEDOS E FAZIA PIQUENIQUE COM A FAMÍLIA. MAS ELA SEMPRE VIA AS CRIANÇAS ANDANDO DE PATINS E PEDIU PARA A MÃE UM DE PRESENTE DE ANIVERSÁRIO.

O TEMPO PASSOU E, NO DIA DO SEU ANIVERSÁRIO, SUA MÃE A ACORDOU COM UM PRESENTE! VALENTINA ABRIU O EMBRULHO E DEU UM GRITO DE ALEGRIA:

— PATINS! OBA! MUITO OBRIGADA, MAMÃE!

ELA FICOU MUITO CONTENTE E QUERIA IR AO PARQUE PARA USAR OS PATINS. MAS, QUANDO CHEGOU LÁ E COLOCOU OS PATINS, GRITOU, COM MEDO:

— MAMÃE, ME AJUDE! NÃO CONSIGO FICAR EM PÉ!

— TENHA CALMA, FILHA. NO COMEÇO É ASSIM MESMO. VOCÊ SÓ PRECISA TENTAR COM CALMA. DAQUI A POUCO, VAI ESTAR PATINANDO COMO AQUELAS MENINAS ALI. — DISSE A MÃE.

— MAS, MAMÃE... EU TENHO MEDO DE CAIR! — FALOU VALENTINA, SE SEGURANDO NA MÃE.

— MINHA FILHA, ASSIM COMO EU ESTOU SEGURANDO VOCÊ AGORA, DEUS PAI TAMBÉM CUIDA DE VOCÊ. A BÍBLIA DIZ QUE, QUANDO CONFIAMOS NELE, A GENTE NÃO TROPEÇA! VÁ COM CALMA E CONFIE, VOCÊ VAI CONSEGUIR! — DISSE A MAMÃE, ENCORAJANDO-A.

VALENTINA RESPIROU FUNDO, SEGUROU NA MÃO DA MAMÃE E DEU UM PASSINHO. DEPOIS OUTRO... E MAIS OUTRO! LOGO, ELA ESTAVA DESLIZANDO NO PARQUE COM SUAS NOVAS AMIGAS PATINADORAS!

ORAÇÃO

QUERIDO DEUS, OBRIGADO POR NÃO ME DEIXAR TROPEÇAR. AMÉM.

ENXERGANDO DE NOVO

VITÓRIA FICOU PENSANDO NO QUE A MAMÃE ENSINOU E REFLETIU SOBRE PAULO. NO RECREIO, CONTOU ÀS AMIGAS:

— GENTE, VOCÊS PRECISAM CONHECER A HISTÓRIA DE PAULO! ELE ESTAVA INDO A UM LUGAR QUANDO UMA LUZ MUITO FORTE APARECEU E ELE FICOU CEGO. JESUS PEDIU PARA ANANIAS ORAR POR ELE, E PAULO VOLTOU A ENXERGAR! DEPOIS, CONTOU PARA TODOS O QUANTO JESUS É BOM!

ISABELLA COMENTOU:

— ELE ACHAVA QUE SABIA TUDO, MAS SEM JESUS NÃO SABIA NADA!

VITÓRIA LEMBROU DO QUE FIZERA E DISSE:

— EU TAMBÉM NÃO ESTAVA ENXERGANDO QUE O QUE FIZ NÃO ERA LEGAL!

TODAS RIRAM. VITÓRIA BRINCOU DE ANDAR DE OLHOS FECHADOS ATÉ PARAR DIANTE DE VALENTINA:

— AGORA VOCÊ PODE VER!

VALENTINA ABRIU OS OLHOS, PULOU E GRITOU:

— UM MILAGRE!

AS AMIGAS SE ALEGRARAM, POIS SABIAM QUE JESUS TEM PODER E NOS AJUDA A ENXERGAR A VERDADE!

ORAÇÃO

OBRIGADO, DEUS, POR ABRIR MEUS OLHOS E ME AJUDAR A VER O QUE É CERTO. AMÉM.

LEITURA BÍBLICA: LUCAS 18.1-6

NUNCA DESISTIR

OS AMIGOS ESTAVAM FAZENDO AS TAREFAS DE MATEMÁTICA JUNTOS, MAS ENZO ESTAVA COM DIFICULDADES. DE REPENTE, ELE FALOU:

— AH, NÃO AGUENTO MAIS! NÃO CONSIGO FAZER ESTA CONTA DE JEITO NENHUM... VOU DESISTIR!

VALENTINA RESPONDEU COM CALMA:

— FIQUE CALMO, ENZO! DESISTIR NÃO VAI AJUDAR VOCÊ A RESOLVER ESSA CONTA. VOCÊ PRECISA RESPIRAR FUNDO E TENTAR DE NOVO!

— MAS EU JÁ TENTEI UM MONTÃO DE VEZES! — RESPONDEU ENZO, MEIO BRAVO.

— ENTÃO, TENTE SÓ MAIS UMA VEZ! — VALENTINA SORRIU. — MINHA AVÓ ME ENSINOU QUE JESUS CONTOU UMA HISTÓRIA PARA NOS ENSINAR A NUNCA DESISTIR. ELA ME CONTOU ESSA HISTÓRIA DA BÍBLIA QUANDO EU ESTAVA DOENTE, NO HOSPITAL. ACHEI QUE NUNCA MAIS IA SAIR DE LÁ PARA BRINCAR. MAS EU NÃO DESISTI, E AGORA ESTOU AQUI COM VOCÊS.

— SE VOCÊ QUISER, EU AJUDO VOCÊ, ENZO! — DISSE JOÃO.

— EU TAMBÉM! JÁ TERMINEI MINHA TAREFA E AGORA POSSO AJUDAR VOCÊ A FAZER A SUA! — FALOU GABRIEL, PRONTO PARA AJUDAR.

— VIU SÓ, ENZO? QUANDO A GENTE NÃO DESISTE, DEUS PAI NOS AJUDA E COISAS BOAS ACONTECEM! — DISSE VALENTINA, TODA ANIMADA.

ORAÇÃO

DEUS PAI, EU SEI QUE O SENHOR ESTÁ COMIGO. POR ISSO, EU NÃO VOU DESISTIR! AMÉM!

LEITURA BÍBLICA: SALMOS 33.6-9

UM DEUS BEM GRANDÃO

VALENTINA E A VOVÓ TIVERAM UMA TARDE DELICIOSA FAZENDO BISCOITOS! VALENTINA NÃO QUERIA QUE O DIA TERMINASSE. ELA CONTINUOU CONVERSANDO COM A VOVÓ, PEDINDO PARA APRENDER A FAZER CHÁ! ASSIM, ELAS PODERIAM TER MAIS UM TEMPINHO JUNTAS.

— VALENTINA, ESTÁ VENDO AQUELE PRÉDIO GRANDÃO LÁ LONGE? AQUELE BEM ALTO? POIS DEUS É MUITO MAIOR QUE ELE! — DISSE A VOVÓ.

VALENTINA FICOU DE BOCA ABERTA COM A GRANDEZA DE DEUS!

— UAU! VOVÓ... É MUITO GRANDE MESMO!

— SIM, QUERIDA, A BÍBLIA CONTA COMO DEUS FEZ O CÉU, A TERRA, O SOL, A LUA, AS ESTRELAS, OS BICHINHOS, AS ÁRVORES, AS MONTANHAS E TUDO QUE EXISTE. NÃO HÁ NADA NESTE MUNDO QUE NÃO TENHA SIDO FEITO POR DEUS! — EXPLICOU A VOVÓ.

VALENTINA FECHOU OS OLHINHOS E COMEÇOU A IMAGINAR O MUNDO NA PALMA DA MÃO DE DEUS PAI! ELA TENTOU IMAGINAR OS RIOS, AS FLORESTAS, OS OCEANOS, E ATÉ A SUA PRÓPRIA CASA!

— VOVÓ, ENTÃO EU SOU MUITO, MUITO PEQUENINHA! QUASE DO TAMANHO DE UMA FORMIGUINHA PERTO DE DEUS!

— SIM, QUERIDA! SOMOS BEM PEQUENOS, MAS MUITO AMADOS POR ESSE DEUS TÃO GRANDÃO! MESMO SENDO PEQUENOS, SOMOS ESPECIAIS PARA ELE!

ORAÇÃO

QUERIDO DEUS, MESMO SENDO TÃO GRANDÃO, O SENHOR ME VÊ E CUIDA DE MIM. OBRIGADO.

QUE TAL DESENHAR A TERRA E, DENTRO DELA, A SUA CASA NAS MÃOS DE JESUS?

LEITURA BÍBLICA: JOÃO 5.6

DIA 044

OS OLHOS DE DEUS

OS PROFESSORES IAM ESCOLHER OS AJUDANTES DA SALA. ENZO QUERIA MUITO SER ESCOLHIDO! ELE FECHOU OS OLHOS E FEZ UMA ORAÇÃO:

— DEUS PAI, EU QUERIA MUITO SER O AJUDANTE, MAS MEUS COLEGAS SÃO RÁPIDOS! NA BÍBLIA, TEM A HISTÓRIA DE UM HOMEM DOENTE QUE FICAVA ESPERANDO PERTO DE UM TANQUE CHAMADO BETESDA. ELE QUERIA SER CURADO, MAS SEMPRE ALGUÉM CHEGAVA ANTES DELE! EU ME SINTO UM POUCO ASSIM. QUANDO JESUS CHEGOU PERTO DAQUELE HOMEM, TUDO MUDOU. ELE FOI CURADO!

ENZO CONTOU TUDO PARA A MÃE, E ELA TAMBÉM OROU COM ELE.

— FILHO, FIQUE TRANQUILO. VOCÊ NÃO PRECISA SER O MAIS RÁPIDO. SÓ PRECISA DESEJAR QUE A VONTADE DE DEUS ACONTEÇA.

CHEGOU O GRANDE DIA! A PROFESSORA DISSE PARA TODOS:

— O NOVO AJUDANTE É UM MENINO MUITO ESPECIAL. ELE SE ESFORÇA, É CORAJOSO E NUNCA DESISTE. O NOME DELE É... ENZO!

QUE ALEGRIA! ENZO FICOU MUITO FELIZ! A PROFESSORA NÃO FALOU QUE ELE ERA DISTRAÍDO. ELA VIU O QUANTO ELE TENTAVA E NUNCA DESISTIA! QUE INCRÍVEL!

SABE O QUE ISSO SIGNIFICA? DEUS PAI É COMO A PROFESSORA: ELE NÃO LIGA SE VOCÊ NÃO É PERFEITO. ELE VÊ O SEU ESFORÇO, A SUA CORAGEM E O SEU CORAÇÃO CHEIO DE ALEGRIA! ELE SEMPRE VÊ O QUE EXISTE DE BOM EM VOCÊ!

ORAÇÃO

QUERIDO DEUS, OBRIGADO POR SEMPRE VER O QUE HÁ DE BOM EM MIM. AMÉM.

DIA 045

LEITURA BÍBLICA: 1SAMUEL 16.11

O GPS SECRETO DE DEUS

GABRIEL ESTAVA APRENDENDO SOBRE DAVI. ELE ERA UM GAROTO QUE CUIDAVA DAS OVELHAS DO PAI SOZINHO NO CAMPO. GABRIEL SE LEMBROU DAS VEZES QUE TAMBÉM SE SENTIU SOZINHO. MESMO COM OS AVÓS POR PERTO, ÀS VEZES ELE PREFERIA FICAR QUIETINHO NO QUARTO.

"HUMM... ACHO QUE EU E DAVI SOMOS PARECIDOS", PENSOU GABRIEL.

MAS DAVI NÃO FICAVA TRISTE, POIS SABIA QUE DEUS ESTAVA SEMPRE COM ELE! DAVI CANTAVA, ADORAVA A DEUS E FAZIA LINDAS MÚSICAS PARA ELE. FOI POR TER UM CORAÇÃO TÃO ESPECIAL QUE DEUS O ESCOLHEU PARA SER REI!

AS PESSOAS OLHAVAM PARA DAVI E NÃO VIAM NADA DEMAIS. MAS DEUS VIA! UM DIA, DEUS MANDOU UM PROFETA CHAMADO SAMUEL PROCURAR DAVI.

"DEUS SABIA DIREITINHO ONDE DAVI ESTAVA E MANDOU CHAMÁ-LO NO CAMPO, E EU ESTOU NO MEU QUARTO. ACHO QUE É MAIS FÁCIL ME ENCONTRAR!", PENSOU GABRIEL.

NA HORA DO JANTAR, ELE FALOU:

— VOVÔ, DESCOBRI QUE DEUS TEM UM MAPA E UM GPS SUPERPOTENTES!

— COMO ASSIM? — PERGUNTOU O AVÔ.

— É QUE ELE CONSEGUE ENCONTRAR TODAS AS PESSOAS! ELE ACHOU DAVI LÁ NO CAMPO. ENTÃO, QUANDO ELE QUISER ME CHAMAR, VAI SER MUITO FÁCIL! ELE SABE ONDE TODO MUNDO ESTÁ! — EXPLICOU GABRIEL, SENTINDO-SE MUITO ESPERTO.

ORAÇÃO

QUERIDO DEUS, É MUITO BOM SABER QUE O SENHOR SABE COMO ME ENCONTRAR. AMÉM.

COM AJUDA DO PAPAI E DA MAMÃE, PROCURE, EM UM MAPA, ONDE VOCÊS ESTÃO.

LEITURA BÍBLICA: TIAGO 1.17

DIA 046

UM PRESENTE DO CÉU

VITÓRIA CHEGOU FELIZ NA CASA DE SUA AMIGA VALENTINA E DISSE:

— EU GANHEI UM PRESENTE DOS MEUS PAIS!

VITÓRIA ABRIU A MOCHILA E TIROU... *TCHARAM!* UM CADERNO LINDO COM CAPA DE TECIDO!

— VEJA, VALENTINA! É UM CADERNO PARA EU ESCREVER MEUS PENSAMENTOS E FALAR COM DEUS PAI!

ELE ERA ROSA E LILÁS, AS CORES QUE VITÓRIA MAIS AMAVA! VALENTINA FICOU DE BOCA ABERTA.

— AMIGA, QUE LINDO! SEUS PAIS ESCOLHERAM O MAIS BONITO DE TODOS! EU AMEI!

VITÓRIA EXPLICOU:

— EU QUERIA MUITO ESSE CADERNO. PEDI PARA A MINHA MÃE FAZ TEMPO, MAS ELA DISSE QUE SÓ PODERIA ME DAR NO NATAL.

VALENTINA PERGUNTOU, CURIOSA:

— MAS AINDA FALTA TANTO PRO NATAL! COMO VOCÊ GANHOU AGORA?

— EU LI NA BÍBLIA QUE TUDO DE BOM VEM DE DEUS PAI! É COMO SE DEUS PAI PEGASSE UM PRESENTE LÁ DO CÉU E MANDASSE PARA A GENTE! MEUS PAIS ACHAVAM QUE SÓ IAM CONSEGUIR NO NATAL, MAS DEUS SABIA QUE EU QUERIA MUITO. ENTÃO ELE AJUDOU MEUS PAIS! ELE NÃO É DEMAIS?

VALENTINA CONCORDOU.

— SIM! DEUS É MUITO LEGAL! ELE AMA DAR PRESENTES!

ORAÇÃO

QUERIDO DEUS. OBRIGADO POR SER TÃO AMOROSO. AMÉM.

LEITURA BÍBLICA: 1REIS 3.9

UM PEDIDO SUPERESPERTO

A GINCANA BÍBLICA NA IGREJA ESTAVA CHEGANDO, E ENZO ESTAVA ESTUDANDO A HISTÓRIA DOS REIS DE ISRAEL, PRINCIPALMENTE A DO REI SALOMÃO!

O PROFESSOR DIVIDIU A TURMA EM EQUIPES E EXPLICOU AS REGRAS:

— CADA RESPOSTA CERTA VALE 10 PONTOS! MAS, SE UMA EQUIPE ERRAR, A OUTRA TEM A CHANCE DE RESPONDER E GANHAR OS PONTOS. COMBINADO?

PARA SURPRESA DE QUASE TODO MUNDO, MENOS DO ENZO, A PRIMEIRA PERGUNTA FOI:

— QUEM FOI O REI MAIS SÁBIO?

ENZO BATEU A CAMPAINHA, MAS DEPOIS DA OUTRA EQUIPE. PARA A SURPRESA DO GAROTO, A OUTRA EQUIPE RESPONDEU: "DAVI!".

— RESPOSTA ERRADA! AGORA A OUTRA EQUIPE TEM A CHANCE DE SAIR NA FRENTE. QUEM VAI RESPONDER? — PERGUNTOU O PROFESSOR.

— EU! — GRITOU ENZO, TODO EMPOLGADO.

— VOCÊ SABE QUEM FOI O REI MAIS SÁBIO? TRÊS, DOIS, UM... VALENDO! — DISSE O PROFESSOR, APONTANDO PARA O MICROFONE.

— SALOMÃO! — RESPONDEU ENZO, PULANDO DE ALEGRIA!

OS COLEGAS FICARAM SURPRESOS! COMO ELE SABIA A RESPOSTA? ENTÃO, ENZO EXPLICOU:

— NA BÍBLIA ESTÁ ESCRITO QUE DEUS PERGUNTOU A SALOMÃO O QUE ELE QUERIA, E SALOMÃO PEDIU SABEDORIA! DESDE QUE EU LI ESSA HISTÓRIA, TAMBÉM PEÇO SABEDORIA PARA DEUS TODOS OS DIAS!

ORAÇÃO

QUERIDO DEUS, OBRIGADO POR ME DAR SABEDORIA TODOS OS DIAS. AMÉM.

UM PRESENTE ESPECIAL

OS AMIGOS ESTAVAM CONVERSANDO SOBRE OS PRESENTES ESPECIAIS QUE DEUS DÁ A CADA UM. JOÃO ABRIU A BÍBLIA NO LIVRO DE ROMANOS, ONDE PAULO FALAVA SOBRE ESSES PRESENTES, OS "DONS" E COMEÇOU A LER E OS AMIGOS TENTAVAM DESCOBRIR QUAL COMBINAVA COM CADA UM. VITÓRIA SORRIU.

— GABRIEL, O SEU EU JÁ SEI QUAL É: SERVIR! VOCÊ SEMPRE AJUDA TODO MUNDO — DISSE VITÓRIA.

— E VOCÊ, VITÓRIA? QUAL PRESENTE DEUS LHE DEU? — VALENTINA PERGUNTOU. — PORQUE O MEU EU JÁ SEI! É COMPAIXÃO! SEMPRE QUERO AJUDAR QUEM ESTÁ CHATEADO — VALENTINA PERGUNTOU.

— O MEU É ANIMAR! ADORO AJUDAR AS PESSOAS A NÃO DESISTIREM!

ISABELLA PENSOU UM POUQUINHO E DISSE:

— O MEU É ENSINAR! GOSTO DE EXPLICAR DE UM JEITO QUE OS MEUS AMIGOS ENTENDAM!

— E EU? — ENZO FICOU CONFUSO.

— DIVIDIR! VOCÊ SEMPRE COMPARTILHA BRINQUEDOS E LANCHES. — JOÃO RESPONDEU.

JOÃO AINDA NÃO TINHA CONTADO QUAL ERA O SEU DOM. MAS OS AMIGOS JÁ SABIAM! ENTÃO, TODOS OLHARAM PARA ELE E DISSERAM JUNTOS:

— O SEU PRESENTE É LIDERAR! VOCÊ SEMPRE NOS AJUDA A TER IDEIAS E A FAZER TUDO JUNTO!

JOÃO FICOU FELIZ E TEVE UMA IDEIA:
— VAMOS AGRADECER A DEUS PELOS NOSSOS DONS E PEDIR QUE ELE NOS AJUDE A USÁ-LOS PARA DEIXAR O MUNDO MAIS FELIZ!

ENTÃO, TODOS DERAM AS MÃOS E AGRADECERAM A DEUS PELOS SEUS DONS!

ORAÇÃO

QUERIDO DEUS, OBRIGADO POR ME PRESENTEAR COM TEUS DONS. AMÉM.

LEITURA BÍBLICA: 2SAMUEL 22.7

DEUS PAI ME OUVE

ISABELLA E AS AMIGAS ESTAVAM BRINCANDO DE MÍMICA NA SALA. SABE COMO É? UMA FAZ CARETAS E AS OUTRAS TÊM DE DESCOBRIR O QUE ELA QUER DIZER! ERA MUITO ENGRAÇADO! ELAS RIAM MUITO, PORQUE QUASE NINGUÉM CONSEGUIA ACERTAR.

ENTÃO, VITÓRIA FALOU:

— GENTE, NÃO DÁ PARA FALAR SEM USAR A BOCA! COMO ALGUÉM VAI SABER O QUE A GENTE ESTÁ PENSANDO OU SENTINDO SE A GENTE NÃO CONTAR?

— É VERDADE! — DISSE VALENTINA. — SÓ DEUS PAI CONSEGUE! ELE ESCUTA A GENTE LÁ DO CÉU, MESMO QUANDO A GENTE NÃO FALA NADA. ELE SABE TUDO O QUE ESTÁ NO NOSSO CORAÇÃO!

ISABELLA FECHOU OS OLHOS E IMAGINOU SUAS PALAVRAS VOANDO, VOANDO, BEM ALTO... ATÉ CHEGAREM LÁ NO CÉU, PERTINHO DE DEUS! ELA PENSOU: "DEUS PAI ESTÁ ME OUVINDO!" E ENTÃO SE LEMBROU DE OUTRA COISA:

— DEUS PAI É MUITO ESPECIAL! ELE ESCUTA AS NOSSAS ORAÇÕES LÁ DO CÉU E SABE O QUE A GENTE QUER DIZER, MESMO SEM A GENTE FALAR NADA... NEM PRECISA DE MÍMICA PARA ELE ENTENDER!

ORAÇÃO

DEUS PAI, OBRIGADO POR ME OUVIR SEMPRE. EU TE AMO! AMÉM.

O MELHOR MÉDICO

JESUS É NOSSO MELHOR AMIGO! ELE SABE QUANDO A GENTE ESTÁ TRISTE OU COM DOR. ELE É GENTE COMO A GENTE! A BÍBLIA DIZ QUE, MESMO SENDO DEUS, JESUS VEIO AO MUNDO COMO HOMEM E CONHECEU TUDINHO O QUE SENTIMOS. VALENTINA APRENDEU ISSO QUANDO ESTAVA LENDO UM LIVRO SOBRE JESUS LÁ NO HOSPITAL.

NAQUELE HOSPITAL, TINHA UMA SALA CHEIA DE LIVROS BONITOS E COLORIDOS! AS CRIANÇAS PODIAM ESPERAR O MÉDICO BRINCANDO E LENDO!

— MAMÃE, EU SEI QUE JESUS ME ENTENDE — DISSE VALENTINA. — ELE TAMBÉM FOI CRIANÇA COMO EU! ELE SABE COMO É TER DOR E FICAR PREOCUPADO!

— É VERDADE!— RESPONDEU A MAMÃE. — NINGUÉM ENTENDE A GENTE MELHOR QUE JESUS! NUNCA ESTAMOS SOZINHAS, PORQUE ELE ESTÁ SEMPRE DO NOSSO LADO, CUIDANDO DA GENTE!

VAMOS PINTAR O MÉDICO DOS MÉDICOS?

ORAÇÃO

JESUS, É MUITO BOM SABER QUE TU ME ENTENDES. OBRIGADO POR TUDO!

DIA 051

LEITURA BÍBLICA: 1CORÍNTIOS 16.14

FAÇAM TUDO COM AMOR

VOCÊ SABIA QUE A BÍBLIA DIZ QUE A GENTE DEVE FAZER TUDO COM AMOR? A VITÓRIA APRENDEU ISSO COM SUA PROFESSORA DE PIANO.

— VITÓRIA, SE VOCÊ QUER TOCAR PIANO DE UM JEITO ESPECIAL, PRECISA FAZER COMO DEUS PAI NOS ENSINA NA BÍBLIA: FAZER TUDO COM AMOR!

VITÓRIA FICOU PENSANDO E DISSE:

— MAS EU JÁ GOSTO DE TOCAR PIANO!

E A PROFESSORA EXPLICOU:

— É MAIS QUE ISSO! É COLOCAR AMOR EM CADA NOTINHA, EM CADA ENSAIO, EM CADA MÚSICA, EM CADA AULA. ASSIM COMO VOCÊ FAZ COM SEUS AMIGOS E SUA FAMÍLIA! O AMOR FAZ TUDO FICAR MAIS LINDO! DEUS PAI FICA FELIZ QUANDO A GENTE OBEDECE E COLOCA AMOR EM TUDO.

QUE LEGAL, NÉ? VITÓRIA ENTENDEU TUDINHO! E SABE O QUE ELA FEZ? COMEÇOU A COLOCAR AMOR EM TUDO! AO PENTEAR O CABELO, AO ARRUMAR OS BRINQUEDOS, ATÉ NAS LIÇÕES DA ESCOLA! PORQUE "TUDO" É "TUDO" MESMO!

DEUS PAI FICA MUITO FELIZ QUANDO A GENTE COLOCA AMOR EM TUDO O QUE FAZ! É COMO SE ELE ESTIVESSE PERTINHO DA GENTE, PORQUE DEUS É AMOR!

ORAÇÃO

QUERIDO DEUS, TUDO QUE EU FIZER, QUE SEJA COM AMOR. AMÉM.

OUVIR É IMPORTANTE

ENZO ERA UM MENINO MUITO ALEGRE E CHEIO DE ENERGIA! NA SALA DE AULA, ELE GOSTAVA DE CONVERSAR E SE MEXER BASTANTE, ENTÃO OS PROFESSORES SEMPRE CRIAVAM ATIVIDADES BEM LEGAIS PARA AJUDÁ-LO A PRESTAR ATENÇÃO.

UM DIA, A MÃE DO ENZO RECEBEU UM BILHETE DA ESCOLA. A PROFESSORA O ELOGIOU, DISSE QUE ELE ERA MUITO CRIATIVO E UM BOM AMIGO, MAS QUE PRECISAVA PRESTAR MAIS ATENÇÃO QUANDO A PROFESSORA ESTAVA EXPLICANDO A LIÇÃO.

A MÃE DO ENZO NÃO FICOU BRAVA. ELA LEMBROU DE UMA COISA QUE A BÍBLIA FALA: QUE A GENTE TEM QUE SER RÁPIDO PARA OUVIR E DEVAGAR PARA FALAR. ENTÃO, ELA EXPLICOU AO ENZO:

— FILHO, TUDO O QUE DEUS NOS ENSINA É PARA O NOSSO BEM. A BÍBLIA É COMO UM MAPA QUE NOS AJUDA A SEGUIR O CAMINHO CERTO NA VIDA. SE DEUS ESTÁ DIZENDO QUE A GENTE TEM QUE OUVIR MAIS, É PORQUE ISSO É MUITO IMPORTANTE PARA A GENTE CRESCER E APRENDER, ENTENDEU?

— ENTENDI, MAMÃE! EU NÃO SABIA QUE OUVIR ERA IMPORTANTE. EU ACHAVA QUE FALAR ERA MAIS LEGAL.

— VOCÊ SABE CONVERSAR MUITO BEM, DEUS LHE DEU UM CORAÇÃO BOM, E VOCÊ É UM ÓTIMO AMIGO. AGORA, É SÓ PRESTAR MAIS ATENÇÃO QUANDO AS PESSOAS ESTÃO FALANDO, COMBINADO? — PERGUNTOU A MÃE, DANDO A MÃO PARA ELE.

— COMBINADO!

ORAÇÃO

QUERIDO DEUS, ME AJUDA A OUVIR COM ATENÇÃO O QUE AS PESSOAS ME DIZEM. AMÉM.

DIA 053

LEITURA BÍBLICA: 1PEDRO 1.16

SENDO SANTOS

UM DIA, NA ESCOLA, JOÃO VIU UNS AMIGOS BRIGANDO POR CAUSA DE UM JOGO DE FUTEBOL. ELES ESTAVAM GRITANDO E SE EMPURRANDO! QUE FEIO!

JOÃO CORREU E FALOU:

— EI, EI! PAREM COM ISSO! NÃO PRECISA BRIGAR! CADA UM PODE GOSTAR DE UM TIME DIFERENTE, E ESTÁ TUDO BEM!

AÍ, UM AMIGO DELE FALOU:

— AH, LÁ VEM O SANTINHO!

JOÃO FICOU MEIO CONFUSO COM ISSO. ELE PENSOU: “EU SÓ QUERIA AJUDAR MEUS AMIGOS, E ELE ME CHAMOU DE SANTO... O QUE SERÁ QUE ISSO QUER DIZER?”. ELE FICOU PENSANDO NISSO O CAMINHO TODO PARA CASA. NA HORA DO ALMOÇO, ELE PERGUNTOU AO PAI:

— PAPAI, SE ALGUÉM ME CHAMAR DE SANTINHO, ISSO É BOM OU RUIM?

— SER CHAMADO DE SANTO É BOM, FILHO, MAS NÃO SIGNIFICA QUE A GENTE É MELHOR QUE NINGUÉM! SER SANTO É SER SEPARADO PARA DEUS, É SER ESPECIAL PARA ELE. DEUS DIZ QUE A GENTE TEM QUE SER SANTO COMO ELE É, OU SEJA, FAZER COISAS DIFERENTES DAS COISAS RUINS QUE A GENTE VÊ NO MUNDO! ENTENDEU?

JOÃO FICOU FELIZ! ELE FALOU:

— ENTÃO NÃO FOI UM XINGAMENTO! EU SOU SANTO MESMO! EU QUERO VIVER COMO A BÍBLIA ENSINA, E A BÍBLIA DIZ PARA VIVER EM PAZ, NÃO BRIGAR.

O PAI SORRIU E DISSE:

— É ISSO AÍ, MEU FILHO... SANTO JOÃO! — ELE FEZ UMA VOZ ENGRAÇADA E TODO MUNDO NA MESA COMEÇOU A RIR!

ORAÇÃO

QUERIDO DEUS, QUERO SER SANTO COMO O SENHOR É SANTO. AMÉM.

LEITURA BÍBLICA: ECLESIASTES 11.9

DIA 054

O QUE VOCÊ FEZ?

ENZO AMAVA DIAS DE FOLGA! ELE TINHA TANTAS IDEIAS PARA BRINCAR QUE NÃO SABIA O QUE FAZER! SUA MÃE O VIU PARADO NO JARDIM, PENSANDO.

— ESTÁ CANSADO, FILHO? POR QUE ESTÁ PARADO AÍ? — PERGUNTOU ELA.

— ESTOU PENSANDO, MAMÃE! TENHO MUITAS IDEIAS! BRINCO DE VIDEOGAME OU JOGO BOLA? CORRO NO JARDIM OU FAÇO UMA SURPRESA PARA O PAPAI? É MUITA COISA! — DISSE ENZO.

— FILHO, VOCÊ PODE ESCOLHER O QUE QUISER! MAS TUDO O QUE A GENTE FAZ TEM UM RESULTADO. SE VOCÊ JOGAR VIDEOGAME, NÃO VAI APROVEITAR O SOL GOSTOSO LÁ FORA. SE VOCÊ CORRER NO JARDIM, PODE NÃO DAR TEMPO DE FAZER A SURPRESA PARA O PAPAI, ENTENDE? CADA ESCOLHA LEVA A UM CAMINHO DIFERENTE.

— EU JÁ OUVI ISSO EM ALGUM LUGAR... — DISSE ENZO.

— FOI NO CULTO! O PASTOR DISSE QUE A GENTE DEVE SER FELIZ QUANDO É JOVEM, MAS NÃO PODE ESQUECER QUE DEUS VAI NOS PERGUNTAR O QUE A GENTE FEZ COM O NOSSO TEMPO E COM AS COISAS BOAS QUE ELE DEU! — EXPLICOU A MAMÃE.

— É VERDADE, MAMÃE! AGORA EU ENTENDI! DEUS VAI ME PERGUNTAR O QUE EU FIZ! VOU FAZER A SURPRESA PARA O PAPAI! ASSIM EU APROVEITO O SOL E DEIXO ELE FELIZ! — DECIDIU ENZO.

ORAÇÃO

QUERIDO DEUS, QUERO SER FELIZ E FAZER O QUE TE AGRADA. AMÉM.

LEITURA BÍBLICA: 1PEDRO 1.8

AMO MESMO SEM VER

DURANTE O FERIADO OS PRIMOS DO JOÃO PASSARAM A SEMANA TODA JUNTOS E SE DIVERTIRAM MUITO! ELES MORAVAM EM OUTRA CIDADE E AINDA NÃO CONHECIAM JESUS.

UM DIA, QUANDO ACORDARAM, UM DOS PRIMOS PERGUNTOU:

— JOÃO, CADÊ O CONTROLE DO SEU VIDEOGAME, PRIMO?

— ESTÁ ALI NA MESA, MAS A GENTE SÓ PODE JOGAR DEPOIS DA MINHA ROTINA DA MANHÃ — RESPONDEU JOÃO.

— ROTINA DA MANHÃ? ATÉ NO FIM DE SEMANA? — PERGUNTOU O PRIMO, CONFUSO.

— SIM, QUANDO ACORDO, A PRIMEIRA COISA QUE EU FAÇO É FALAR COM JESUS, LER O MEU DEVOCIONAL, TOMAR CAFÉ COM A MINHA FAMÍLIA, DEPOIS, EU POSSO BRINCAR! ENTENDEU?

— AH... NÃO MUITO! COMO VOCÊ PODE FALAR COM ALGUÉM QUE NÃO VÊ? EU NÃO ESTOU VENDO NINGUÉM AQUI NO QUARTO ALÉM DE NÓS DOIS! — DISSE O PRIMO, OLHANDO PARA TODOS OS LADOS.

— A GENTE NÃO PRECISA VER JESUS PARA AMÁ-LO, SABIA? A GENTE FALA COM ELE NO CORAÇÃO, E ELE ESCUTA! MESMO SEM VER, ACREDITAMOS, PORQUE SENTIMOS O AMOR DELE BEM PERTINHO.

VOCÊ JÁ FALOU DE JESUS PARA ALGUÉM? QUE TAL APROVEITAR ESSA ÉPOCA DO ANO E APRESENTAR JESUS A ALGUM FAMILIAR?

ORAÇÃO

JESUS, EU NÃO TE VEJO, MAS SEI QUE O SENHOR ESTÁ COMIGO! AMÉM!

VENÇA O MAL COM O BEM

JOÃO CONVIDOU SEUS AMIGOS PARA UMA GINCANA SUPERLEGAL! O PROFESSOR DA ESCOLA BÍBLICA IA ENSINAR ALGO MUITO IMPORTANTE SOBRE COMO SER UM AMIGO DE JESUS.

ELES SE REUNIRAM PARA ESTUDAR E MONTAR UMA EQUIPE PARA A APRESENTAÇÃO. OS MENINOS FICARAM COM A PRIMEIRA PARTE E AS MENINAS COM A SEGUNDA.

— VOCÊ ACHA QUE A GENTE CONSEGUE APRENDER TUDO ISSO? — PERGUNTOU ENZO.

— AMIGO, CLARO QUE SIM! EU VOU FAZER A INTRODUÇÃO, E O GABRIEL, O FINAL. VOCÊ SÓ PRECISA LEMBRAR DO VERSÍCULO ESPECIAL! — EXPLICOU JOÃO.

—ALGUÉM FAZ ALGO QUE NÃO É LEGAL — COMEÇOU GABRIEL. — É COMO SE FOSSE UMA COISA "RUIM" TENTANDO ABORRECER VOCÊ. MAS O NOSSO VERSÍCULO DIZ PARA A GENTE NÃO SE DEIXAR VENCER PELO MAL, MAS VENCER O MAL COM O BEM!

— ENTÃO, SE ALGUÉM NÃO QUER DIVIDIR, EU POSSO OFERECER UM BRINQUEDO MEU PARA ELE? — PERGUNTOU ENZO.

— ISSO MESMO! — RESPONDEU JOÃO. — OU, SE ALGUÉM ESTÁ BRAVO, VOCÊ PODE DAR UM ABRAÇO OU CHAMAR PARA BRINCAR JUNTOS. VENCER O MAL COM O BEM É COMO ACENDER UMA LUZ BEM FORTE QUANDO TEM ALGO ESCURO!

— ENTENDI! A AULA DO PRÓXIMO DOMINGO VAI SER DEMAIS! QUERO MUITO APRENDER E CRESCER COM JESUS... NÃO PERCO POR NADA!

ORAÇÃO

QUERIDO JESUS, AJUDA-ME A VENCER O MAL COM O BEM TODOS OS DIAS. AMÉM!

DIA 057

LEITURA BÍBLICA: LUCAS 12.7

DEUS SE IMPORTA

ESTAVA UM DIA MUITO QUENTE NA ESCOLA, E ENZO SE ESQUECEU DA LANCHEIRA EM CASA! NA HORA DO RECREIO, ELE FICOU SENTADO NO BANCO, COM CARA DE TRISTE. JOÃO VIU O AMIGO E FOI LOGO PERGUNTAR:

— ENZO, TUDO BEM? — PERGUNTOU, SE SENTANDO AO LADO DELE.

ENZO RESPONDEU:

— ESQUECI A LANCHEIRA EM CASA... ESTOU COM FOME E AGORA SÓ VOU COMER QUANDO CHEGAR EM CASA.

JOÃO SORRIU E ABRIU A MOCHILA.

— VEM DIVIDIR O MEU LANCHE. É PARA ISSO QUE SERVEM OS AMIGOS, NÃO É?

QUANDO JOÃO OFERECEU SEU LANCHE, OS OLHOS DE ENZO BRILHARAM! ELE ABRIU UM SORRISO BEM GRANDÃO! ENQUANTO COMIAM JUNTOS, JOÃO APROVEITOU PARA ENSINAR:

— ENZO, SABIA QUE A BÍBLIA DIZ QUE DEUS CUIDA ATÉ DOS PASSARINHOS? SE ELE FAZ ISSO, IMAGINA COM VOCÊ!

ENZO RESPONDEU:

— AH, MAS ISSO É SÓ UM LANCHE... NÃO É TÃO IMPORTANTE ASSIM. ACHO QUE DEUS TEM COISAS MAIS IMPORTANTES PARA PENSAR.

JOÃO OLHOU FIRME E AFIRMOU:

— AMIGO, VOCÊ É MUITO IMPORTANTE PARA DEUS. TODOS NÓS SOMOS! ELE PENSA EM VOCÊ O TEMPO TODO, MESMO COM O LANCHE ESQUECIDO!

ENZO FICOU MUITO SURPRESO E FALOU:

— NOSSA! NUNCA PENSEI NISSO. QUE BOM SABER QUE DEUS CUIDA ATÉ DAS COISINHAS PEQUENAS!

ORAÇÃO

DEUS, OBRIGADO POR CUIDAR DE TUDO! MESMO QUANDO EU NÃO SOU BONZINHO, TU CUIDAS DE MIM... ME AJUDA A AGRADECER POR TUDO, SEMPRE! AMÉM!

DEUS ME PROTEGE

VALENTINA ESTAVA BRINCANDO DE ESCONDE-ESCONDE COM SEUS AMIGOS. NA HORA DE SE ESCONDER, ELA ACHOU UM CANTINHO BEM QUIETO... TÃO QUIETO QUE COMEÇOU A SE SENTIR SOZINHA E COM UM POUQUINHO DE MEDO. ENTÃO, ELA PENSOU: "E SE NINGUÉM ME ENCONTRAR?". VITÓRIA PERCEBEU QUE VALENTINA ESTAVA PARADINHA E SE APROXIMOU.

— VALENTINA, VOCÊ ESTÁ BEM? POR QUE ESTÁ PARADA AÍ?

VALENTINA RESPONDEU, COM OS OLHOS MEIO ASSUSTADOS:

— EU FIQUEI COM MEDO DE NINGUÉM ME ACHAR NA BRINCADEIRA...

VITÓRIA SORRIU E FALOU COM CARINHO:

— AH, VALENTINA! TODO MUNDO IA PROCURAR VOCÊ! E SABE DE UMA COISA AINDA MELHOR? DEUS SEMPRE VÊ E CUIDA DE VOCÊ! MESMO QUANDO A GENTE SE SENTE SOZINHA, DEUS ESTÁ PERTINHO, PROTEGENDO A GENTE.

VALENTINA ABAIXOU OS OLHOS E DISSE:

— MAS ÀS VEZES EU ME SINTO TÃO INVISÍVEL...

VITÓRIA ABRAÇOU FORTE A AMIGA E RESPONDEU:

— QUE NADA! DEUS VÊ VOCÊ SEMPRE! ELE AMA VOCÊ DO JEITINHO QUE VOCÊ É. VOCÊ NUNCA, NUNCA ESTÁ SOZINHA!

VALENTINA SORRIU, ALIVIADA!

— ENTÃO VOU VOLTAR A BRINCAR COM O CORAÇÃO TRANQUILO! SEI QUE DEUS CUIDA DE MIM!

ORAÇÃO

OI, DEUS, AGRADEÇO PORQUE O SENHOR CUIDA DE MIM. AMÉM.

CORAÇÃO DE DEUS

VALENTINA VIU SUA MÃE SE ARRUMANDO:

— MAMÃE, VOCÊ VAI SAIR? POR QUE ESTÁ TÃO LINDA ASSIM? — PERGUNTOU.

A MAMÃE SORRIU E DISSE:

— AH, FILHA! VOU FAZER UM EXAME DO CORAÇÃO COM AS MINHAS AMIGAS, MAS NÃO VOU DEMORAR.

VALENTINA NÃO ENTENDEU NADA! EXAME DO CORAÇÃO? À NOITE? COM AS AMIGAS? ELA LOGO PERGUNTOU, CURIOSA:

— MAMÃE, EXAME DO CORAÇÃO? À NOITE? COM AS AMIGAS? MAS... NÃO ERA EU QUE FAZIA EXAMES? — PERGUNTOU VALENTINA, LEMBRANDO DAS VEZES QUE JÁ TINHA IDO AO HOSPITAL.

A MAMÃE RIU E EXPLICOU

— AH, EU SABIA QUE VOCÊ IA PERGUNTAR! MAS NÃO É AQUELE EXAME DE HOSPITAL, NÃO! HOJE VOU PARA UMA REUNIÃO DE ORAÇÃO. SABE POR QUE EU DISSE "EXAME DO CORAÇÃO"? PORQUE É NA ORAÇÃO QUE CONVERSAMOS COM DEUS PAI E PEDIMOS PARA ELE OLHAR COMO ESTÁ O NOSSO CORAÇÃO POR DENTRO!

AS DUAS RIRAM JUNTAS! E FOI ASSIM QUE VALENTINA ENTENDEU UMA COISA MUITO ESPECIAL: TODO MUNDO, MAS TODO MUNDO MESMO, PRECISA FAZER O SEU "EXAME DO CORAÇÃO" DE VEZ EM QUANDO. A MAMÃE, O PAPAI, VALENTINA... E VOCÊ TAMBÉM! É NA ORAÇÃO QUE A GENTE CONVERSA COM DEUS PAI E MOSTRA A ELE O QUE ESTÁ GUARDADO LÁ DENTRO.

ORAÇÃO

DEUS PAI, ME AJUDA A TER UM CORAÇÃO LIMPINHO. AMÉM.

DIVERSÃO EM FAMÍLIA

PINTE O DESENHO BEM BONITO.

café com Deus pai KIDS

PARTE 3

JESUS CUIDA DE MIM
COM MUITO AMOR

DIVERSÃO EM FAMÍLIA

VAMOS PINTAR AS GRANDES
COISAS CRIADAS POR DEUS?

LEITURA BÍBLICA: ATOS 11.18

DIA 060

UM PRESENTE

ISABELLA ERA UMA AMIGA MUITO QUERIDA; SEUS AMIGOS A CONHECIAM POR DAR DICAS BEM LEGAIS. NÃO QUE ELA NUNCA ERRASSE, CLARO, MAS SEMPRE SE ESFORÇAVA PARA FAZER O CERTO, COMO A BÍBLIA ENSINA.

UM DIA, QUANDO ISABELLA ESTAVA CONVERSANDO COM SUAS AMIGAS, VALENTINA CONTOU QUE ESTAVA DE MAL COM UMA MENINA DA MESMA SALA. ISABELLA CONVERSOU COM VALENTINA E DISSE PARA ELA PERDOAR E DEIXAR PARA LÁ A COISA CHATA QUE A COLEGA TINHA FEITO. MAS VALENTINA RESPONDEU:

— AH, EU SEI, AMIGA! MINHA MÃE E MINHA VOVÓ JÁ ME ENSINARAM QUE É ISSO QUE DEUS QUER. MAS EU NÃO CONSIGO! ACHO QUE O QUE ELA FEZ FOI MUITO ERRADO, E POR ISSO NÃO VEJO POR QUE EU DEVERIA PERDOAR E VOLTAR A FALAR COM ELA.

ISABELLA, COM MUITO JEITINHO, EXPLICOU:

— EU IMAGINO O QUANTO FOI CHATO OUVIR ELA FALAR DE UM JEITO RUDE COM VOCÊ. E EU ENTENDO QUE VOCÊ NÃO SINTA VONTADE DE PERDOAR. O ARREPENDIMENTO É UM PRESENTE QUE DEUS DÁ PARA A GENTE. PRIMEIRO, VOCÊ PRECISA DECIDIR QUE QUER FAZER O QUE É CERTO MESMO QUE O CORAÇÃO NÃO QUEIRA. AÍ, O ESPÍRITO SANTO VEM E NOS AJUDA A MUDAR DE ATITUDE, MESMO QUE A GENTE NÃO TENHA VONTADE NA HORA.

VALENTINA, QUE JÁ ESTAVA UM POUCO TRISTE POR NÃO CONSEGUIR PERDOAR, DISSE:

— EU JÁ ESTAVA ME SENTINDO TRISTE POR ISSO, MAS, SE DEUS PAI PODE ME AJUDAR, VOU PEDIR A AJUDA DELE! OBRIGADA PELAS DICAS, AMIGA!

AS DUAS SE ABRAÇARAM BEM FORTE.

ORAÇÃO

QUERIDO DEUS, OBRIGADO PELO PRESENTE DO ARREPENDIMENTO. ME AJUDA A PERDOAR. AMÉM.

LEITURA BÍBLICA: MATEUS 4.4

JESUS É O MELHOR PÃO

A FAMÍLIA DA VALENTINA ESTAVA SENTADA À MESA, AGRADECENDO A DEUS PELO PÃO DE CADA DIA. VALENTINA DEU UMA MORDIDA NO PÃOZINHO E DISSE BEM FELIZ:

— MAMÃE, EU AMO ESSE PÃO! QUANDO ELE ESTÁ QUENTINHO, A MANTEIGA ATÉ DERRETE DENTRO DELE... HUMMM!

— QUE DELÍCIA MESMO, MINHA FILHA! — DISSE A MAMÃE. — SABE, NA BÍBLIA, O SENHOR JESUS DIZ QUE ELE É O PÃO DA VIDA! ELE DISSE PARA NÃO VIVERMOS SÓ COM O PÃOZINHO GOSTOSO QUE COMEMOS DE MANHÃ... NÓS TAMBÉM PRECISAMOS VIVER DAS PALAVRAS QUE ELE NOS DÁ! O PÃO DA PADARIA DÁ FORÇA PARA BRINCAR E CORRER, MAS A VIDA DE VERDADE... QUEM DÁ É JESUS!

— ENTENDI, MAMÃE! EU AMO OS DOIS PÃES, ENTÃO! O PÃOZINHO DA PADARIA E O PÃO DA VIDA, QUE É JESUS! — DISSE VALENTINA, BEM ESPERTA. — PENSANDO NISSO, POSSO COMER MAIS UM PÃOZINHO, NÉ, MAMÃE?

— AH, VOCÊ É MUITO SABIDA, HEIN, MOCINHA? — RESPONDEU A MAMÃE, RINDO DA PRESSA DA VALENTINA. — ENTENDEU RAPIDINHO! PODE COMER, SIM, MAS SÓ MAIS UM, TÁ BOM? SENÃO, VAMOS NOS ATRASAR PARA A ESCOLA!

ORAÇÃO

QUERIDO DEUS, TE AGRADEÇO POR JESUS, O PÃO DA VIDA! QUERO SEMPRE OUVIR AS TUAS PALAVRAS E TER A VIDA QUE SÓ TU PODES ME DAR. AMÉM.

SEJA FORTE

UM DIA, VITÓRIA NÃO FOI PARA A AULA DE PIANO, PORQUE A MAMÃE DELA NÃO ESTAVA SE SENTINDO MUITO BEM! COMO O PAPAI ESTAVA VIAJANDO, VITÓRIA FICOU AO LADO DA MAMÃE PARA FAZER COMPANHIA ATÉ A TIA CHEGAR PARA LEVÁ-LAS AO MÉDICO.

A MAMÃE DISSE QUE NÃO ERA NADA GRAVE, SÓ UMA DORZINHA QUE IA PASSAR. MAS VITÓRIA ESTAVA UM POUCO NERVOSA E NÃO SAÍA DE PERTO DA MÃE. A MENINA OROU, PEDINDO QUE JESUS AJUDASSE A MAMÃE.

NAQUELE MOMENTO DE PREOCUPAÇÃO, ELA LEMBROU DE ALGO LEGAL QUE TINHA APRENDIDO NA BÍBLIA: QUE FICAMOS MUITO FELIZES QUANDO SOMOS FORTES E PACIENTES NOS MOMENTOS DIFÍCEIS. DEPOIS QUE O MOMENTO DIFÍCIL PASSA, DEUS NOS DÁ UMA COISA MUITO BOA! ISSO DEIXOU O CORAÇÃO DA VITÓRIA MAIS CALMO, PORQUE ELA SABIA QUE DEUS PAI ESTAVA ALI COM ELA, AJUDANDO-A A PASSAR POR AQUELE DESAFIO.

A PEQUENA VITÓRIA FOI FORTE E PACIENTE ATÉ A TIA CHEGAR E LEVÁ-LAS AO MÉDICO. DEPOIS QUE A MAMÃE TOMOU O REMÉDIO, ELA SAIU SORRINDO DA SALA DO MÉDICO! A MAMÃE ABRAÇOU A VITÓRIA E DISSE:

— VOCÊ FOI FORTE E PACIENTE AO MEU LADO, MINHA FILHA! ESTOU MUITO ORGULHOSA DE VOCÊ! OBRIGADA POR CUIDAR DE MIM E POR ORAR.

VITÓRIA SORRIU, FELIZ!

ORAÇÃO

QUERIDO DEUS, AJUDA-ME A SER FORTE E PACIENTE SEMPRE. QUERO CONFIAR QUE O SENHOR TEM UMA RECOMPENSA PARA MIM. AMÉM!

DIA 063

LEITURA BÍBLICA: GÊNESIS 37.5

CONTINUE A SONHAR

OS AMIGOS ESTAVAM NA PRACINHA. QUE SOL GOSTOSO! ENQUANTO ESTAVAM DEITADOS NA GRAMA OLHANDO AS NUVENS, GABRIEL FALOU ALGO QUE FEZ TODO MUNDO PARAR PARA PENSAR:

— DEITADOS ASSIM, IMAGINANDO OS DESENHOS NO CÉU, EU ME LEMBRO DE JOSÉ! TALVEZ ELE TAMBÉM FICASSE ASSIM, SONHANDO, DEITADO COM A TÚNICA COLORIDA DELE, IMAGINANDO COMO DEUS IA FAZER TUDO ACONTECER.

— VERDADE, AMIGO! TODO MUNDO AQUI GOSTA DE SONHAR! — DISSE ENZO.

— MEU VOVÔ SEMPRE FALA QUE, PRA SER FORTE E CONTINUAR JOVEM, A GENTE NÃO PODE PARAR DE SONHAR! — DISSE GABRIEL.

— É VERDADE ISSO QUE ELE FALOU! SE ESTAMOS AQUI IMAGINANDO O CÉU, TAMBÉM PODEMOS SONHAR COM O QUE DEUS TEM PREPARADO PARA A NOSSA VIDA! — DISSE ISABELLA, DEIXANDO OS AMIGOS ANIMADOS COM AS PROMESSAS DE DEUS.

A GENTE PODE SONHAR COM TUDO QUE DEUS JÁ PROMETEU PARA A GENTE! PORQUE, ASSIM COMO ACONTECEU COM JOSÉ, TUDO O QUE JESUS FALA ACONTECE. ELE NUNCA MENTE; É SEMPRE VERDADEIRO E FIEL!

SER SONHADOR É SENTIR NO CORAÇÃO, ANTES MESMO DE ACONTECER, TUDO O QUE DEUS VAI FAZER. É COMO SE JESUS MOSTRASSE PARA A GENTE, AOS POUQUINHOS, OS PLANOS DELE!

ORAÇÃO

QUERIDO DEUS, QUE EU NÃO DEIXE DE SONHAR OS SONHOS QUE O SENHOR TEM PARA MIM. AMÉM.

FAZER O BEM

QUANDO A HORA DO RECREIO CHEGOU, GABRIEL VIU UM MENINO NOVO SENTADO SOZINHO NO BANCO. ELE NÃO PENSOU DUAS VEZES E FOI ATÉ LÁ:

— OI, AMIGO! TUDO BEM? VOCÊ PARECE CHATEADO... O QUE FOI? — PERGUNTOU GABRIEL, BEM PERTINHO DELE.

— NINGUÉM QUER JOGAR COMIGO... — CONTOU O MENINO, TRISTE E QUASE CHORANDO. NA MESMA HORA, GABRIEL CHAMOU ENZO.

— ENZO, VENHA AQUI! VAMOS JOGAR COM ELE!

ENZO, SUPERANIMADO, RESPONDEU:

— SIIIIIM! VAMOS LÁ!

ELES BRINCARAM JUNTOS E O AMIGUINHO NOVO FICOU MUITO FELIZ! ELE ATÉ SORRIU E DISSE:

— OBRIGADO POR SEREM MEUS AMIGOS!

DEPOIS, ENZO FALOU PARA GABRIEL:

— QUE LEGAL O QUE VOCÊ FEZ! VOCÊ É UM BOM AMIGO!

GABRIEL RESPONDEU:

— EU SÓ PENSEI: "SE JESUS ESTIVESSE AQUI, O QUE ELE FARIA?".

— E VOCÊ FEZ CERTINHO! HOJE EU APRENDI MUITO COM VOCÊ.

NAQUELE DIA, ENZO ENTENDEU UMA COISA MUITO IMPORTANTE: JESUS QUER QUE A GENTE SEJA AMIGO DE TODOS E SEMPRE FAÇA COISAS BOAS PARA ELES.

ORAÇÃO

QUERIDO JESUS, ME AJUDA A SEMPRE FAZER O BEM E A SER COMO O SENHOR QUER QUE EU SEJA. AMÉM!

DIA 065

LEITURA BÍBLICA: GÁLATAS 6.9

AJUDE AS PESSOAS

NA AULA, VITÓRIA ESTAVA PENSANDO: “COMO EU POSSO AJUDAR MAIS AS PESSOAS?”. ELA QUERIA FAZER ALGO BOM, MAS NÃO SABIA COMO! FICOU CHEIA DE DÚVIDAS E RESOLVEU CONVERSAR COM A AMIGA ISABELLA:

— ESTAVA PENSANDO EM COMO POSSO AJUDAR MAIS AS PESSOAS, MAS ÀS VEZES FICO COM MEDO E NÃO SEI COMO COMEÇAR.

ISABELLA SORRIU E COLOCOU A MÃO NO OMBRO DA VITÓRIA:

— EU ENTENDO, AMIGA! MAS VOCÊ JÁ ESTÁ FAZENDO O CERTO, PENSANDO EM AJUDAR! DEUS NOS CRIOU PARA FAZERMOS COISAS BOAS COM O QUE TEMOS. O QUE VOCÊ ESTÁ PENSANDO EM FAZER?

VITÓRIA RESPONDEU, MEIO SEM JEITO:

— EU ESTAVA PENSANDO EM SEPARAR ALGUMAS ROUPAS QUE NÃO USO MAIS E DOAR PARA QUEM PRECISA. SERÁ QUE É UMA BOA IDEIA?

ISABELLA ABRIU UM SORRISO E FALOU:

— VITÓRIA, ISSO É INCRÍVEL! AJUDAR COM O QUE VOCÊ TEM É UMA FORMA LINDA DE AMAR AS PESSOAS!

VITÓRIA, SENTINDO-SE MAIS SEGURA, DISSE:

— É MESMO! ENTÃO EU VOU FAZER ISSO! VOU DOAR MINHAS ROUPAS E FAZER ALGUÉM FELIZ!

ORAÇÃO

DEUS, ME AJUDA A FAZER O BEM E A AJUDAR OS OUTROS. AMÉM.

COMO VOCÊ PODE AJUDAR OUTRAS PESSOAS? TALVEZ TENHA ROUPAS OU BRINQUEDOS PARA DOAR. CONVERSE COM A SUA FAMÍLIA E VEJAM O QUE PODEM FAZER PARA AJUDAR ALGUÉM!

LEITURA BÍBLICA: ECLESIASTES 4.9,10

DIA 066

TRABALHANDO JUNTOS

GABRIEL E ENZO ESTAVAM TENTANDO ORGANIZAR UMA APRESENTAÇÃO DE TEATRO NA ESCOLA, MAS ELES NÃO CONSEGUIAM JUNTAR AS IDEIAS E LOGO COMEÇARAM A NÃO SE ENTENDER! VALENTINA PERCEBEU O QUE ESTAVA ACONTECENDO E FOI AJUDAR.

— MENINOS, POR QUE VOCÊS NÃO ESTÃO SE ENTENDENDO? — PERGUNTOU VALENTINA, CHEGANDO RAPIDINHO.

— A GENTE ESTÁ TENTANDO MONTAR A PEÇA, MAS CADA UM QUER UMA COISA DIFERENTE! — RESPONDEU ENZO.

— SABIAM QUE DEUS ENSINA A GENTE A TRABALHAR JUNTO? — VALENTINA PERGUNTOU, COM UM SORRISO. — QUANDO DIVIDIMOS AS IDEIAS, A GENTE PODE FAZER ALGO MUITO, MUITO MELHOR!

— É VERDADE, VALENTINA. — GABRIEL FALOU, PENSATIVO. — TALVEZ, SE A GENTE TENTASSE JUNTAR NOSSAS IDEIAS...

— CLARO! — DISSE ENZO, TODO ANIMADO. — VAMOS JUNTAR NOSSAS IDEIAS PARA FAZER ALGO AINDA MAIS LEGAL! E VOCÊ TAMBÉM PODE DAR A SUA IDEIA E AJUDAR A GENTE, VALENTINA!

JUNTINHOS, OS TRÊS CONSEGUIRAM MONTAR UMA PEÇA INCRÍVEL! TEVE MUITAS RISADAS, E ELES TRABALHARAM SUPERBEM EM EQUIPE.

ORAÇÃO

SENHOR, ME AJUDA A TRABALHAR JUNTO COM OS OUTROS E A OUVIR AS IDEIAS DE TODO MUNDO COM UM CORAÇÃO DISPOSTO A AJUDAR. AMÉM!

LEITURA BÍBLICA: LUCAS 6.38

NÃO ESPERE NADA EM TROCA

DEPOIS DE UMA TARDE CHEIA DE BRINCADEIRAS, GABRIEL AJUDOU ENZO A GUARDAR OS BRINQUEDOS. ELE PEGOU OS CARRINHOS, OS BONECOS, OS BLOQUINHOS... ARRUMOU TUDO DIREITINHO! MAS SABE O QUE ACONTECEU? ENZO NEM AGRADECEU.

GABRIEL FICOU PENSATIVO. ENTÃO, ELE FOI CONVERSAR COM VALENTINA E CONTOU TUDO A ELA:

— VALENTINA, EU AJUDEI O ENZO, MAS ELE NEM ME DISSE "OBRIGADO". EU FICO PENSANDO SE VALE A PENA AJUDAR ASSIM.

VALENTINA DEU UM SORRISINHO, COLOCOU A MÃO NO OMBRO DELE E DISSE:

— GABRIEL, SABE DE UMA COISA? DEUS ENSINA A GENTE A AJUDAR OS OUTROS SEM ESPERAR NADA EM TROCA! A MAIOR ALEGRIA DE AJUDAR É SABER QUE VOCÊ ESTÁ FAZENDO UMA COISA BOA!

GABRIEL PENSOU, PENSOU... E UM SORRISO GRANDÃO APARECEU NO ROSTO DELE! ELE DISSE:

— É VERDADE, VALENTINA! O IMPORTANTE É QUE EU ESTOU AJUDANDO! DEUS FICA MUITO FELIZ QUANDO A GENTE FAZ ESSAS COISAS!

VALENTINA COMPLETOU:

— ISSO MESMO! DEUS VÊ QUANDO A GENTE AJUDA COM ALEGRIA... E ENCHE NOSSA VIDA COM COISAS BOAS QUE SÓ ELE PODE DAR!

ORAÇÃO

QUERIDO JESUS, ME ENSINA A GOSTAR DE AJUDAR OS OUTROS SEM ESPERAR NADA EM TROCA. AMÉM!

LEITURA BÍBLICA: MATEUS 6.10

DIA 068

DO JEITINHO DO CÉU

UM DIA, O PAPAI DA ISABELLA PEDIU PARA ELA FAZER A ORAÇÃO ANTES DO ALMOÇO. ELA TEVE UMA IDEIA SUPERLEGAL E PERGUNTOU:

— POSSO FAZER A ORAÇÃO DO PAI-NOSSO?

O PAPAI DEIXOU, CLARO! E ENTÃO ELA COMEÇOU A ORAR:

— PAI NOSSO, QUE ESTÁS NO CÉU, SANTIFICADO SEJA O TEU NOME. VENHA O TEU REINO, SEJA FEITA A TUA VONTADE, ASSIM NA TERRA COMO NO CÉU... PAPAI!

BEM NA HORA DE AGRADECER PELA COMIDA GOSTOSA, ISABELLA PAROU E CHAMOU O PAPAI. ELA TINHA UMA DÚVIDA E QUERIA ENTENDER MELHOR:

— PAPAI! O QUE É VONTADE DO CÉU? NA ORAÇÃO A GENTE PEDE PARA QUE TUDO QUE ACONTECE LÁ NO CÉU ACONTEÇA AQUI NA TERRA. O QUE A GENTE ESTÁ PEDINDO, MESMO?

O PAPAI DA ISABELLA EXPLICOU PARA ELA QUE NO CÉU SÓ TEM COISAS BOAS: PAZ, JUSTIÇA (QUE É QUANDO TODO MUNDO É TRATADO COM CARINHO E RESPEITO) E MUITA ALEGRIA! LÁ, TUDO É ILUMINADO PELO AMOR DE DEUS.

— QUANDO A GENTE PEDE "SEJA FEITA A TUA VONTADE, ASSIM NA TERRA COMO NO CÉU", ESTAMOS PEDINDO PARA QUE ESSA PAZ, JUSTIÇA E ALEGRIA DE DEUS TAMBÉM ESTEJAM NA NOSSA CASA, NA NOSSA VIDA E EM TUDO QUE A GENTE FAZ!

— EU QUERO ISSO AQUI TAMBÉM! QUE SEJA NA TERRA COMO É NO CÉU! ONDE EU TINHA PARADO MESMO?

— O PÃO NOSSO DE CADA DIA...

ORAÇÃO

QUERIDO DEUS, EU QUERO FAZER A TUA VONTADE AQUI NA TERRA, DO JEITINHO QUE É NO CÉU. AMÉM!

LEITURA BÍBLICA: ÊXODO 2.1-9

UMA MAMÃE CORAJOSA

A HISTÓRIA DE HOJE É SOBRE UMA MAMÃE MUITO ESPECIAL CHAMADA JOQUEBEDE. ELA ERA A MÃE DE UM BEBÊ MUITO IMPORTANTE: MOISÉS! QUANDO CRESCEU, MOISÉS AJUDOU O POVO DE DEUS A FICAR LIVRE.

JOQUEBEDE ERA UMA MULHER DE DEUS QUE TINHA UM CORAÇÃO CHEIO DE CORAGEM! ELA NÃO TEVE MEDO DO REI MAU E FEZ DE TUDO PARA PROTEGER SEU FILHINHO.

ELA CONFIAVA QUE DEUS IA CUIDAR E SALVAR O SEU FILHINHO! AS MAMÃES, ASSIM COMO JOQUEBEDE, SEMPRE QUEREM PROTEGER SEUS FILHOS. DEUS VIU O QUANTO JOQUEBEDE SE ESFORÇOU E FEZ DO BEBÊ MOISÉS UM HOMEM MUITO ESPECIAL E IMPORTANTE! O NOME DE MOISÉS É LEMBRADO ATÉ HOJE NAS HISTÓRIAS DA BÍBLIA!

AS MAMÃES SÃO ESPECIAIS PORQUE CUIDAM DE NÓS EM CASA, FAZEM NOSSA COMIDA GOSTOSA, AJUDAM COM AS TAREFAS E, O MAIS IMPORTANTE, NOS ENSINAM SOBRE DEUS E ORAM POR NÓS!

FOI POR CAUSA DA ORAÇÃO DA MAMÃE DE MOISÉS QUE ELE FOI PROTEGIDO, E É POR ISSO QUE VOCÊ ESTÁ LENDO ESTA MENSAGEM AGORA!

ORAÇÃO

QUERIDO DEUS, NESTE DIA, EU TE PEÇO QUE ABENÇOE MINHA MAMÃE. AMÉM.

O LUGAR SECRETO

ISABELLA TINHA UM LUGAR PREFERIDO LÁ NA ESCOLA. ERA UM CANTINHO NO PÁTIO, PERTO DE PLANTINHAS E FLORES. UM DOS ARBUSTOS CRESCEU TANTO QUE SEUS GALHOS QUASE TOCAVAM O CHÃO E FORMAVAM UM ESCONDERIJO SECRETO!

— QUANDO EU QUERO FICAR UM POUCO SOZINHA OU CONTAR UM SEGREDO PARA UMA AMIGA, SEI QUAL É O LUGAR PERFEITO! — CONTOU ISABELLA PARA A MAMÃE DELA.

A MAMÃE SORRIU E DISSE:

— DEVE SER MUITO LEGAL FICAR OLHANDO ENTRE AS FOLHAS. EU TAMBÉM TINHA UM LUGAR ASSIM. E, MESMO DEPOIS DE GRANDE, A GENTE SEMPRE PRECISA TER UM LUGAR SECRETO. A BÍBLIA TAMBÉM FALA SOBRE ISSO! ELA DIZ QUE ESSE LUGAR PODE SER ATÉ DENTRO DO NOSSO QUARTO!

ISABELLA SE LEMBROU:

— NESSE LUGAR SECRETO, EU ME SINTO PROTEGIDA, ASSIM COMO DAVI! ELE ERA UM AMIGO DE DEUS QUE FUGIA DE UM REI BRAVO CHAMADO SAUL. MAS DAVI SABIA QUE DEUS ESTAVA SEMPRE COM ELE. EU SEI QUE ALI, NO MEU LUGAR SECRETO, ESTOU COM DEUS PAI E QUE ELE CUIDA DE MIM!

DAVI FUGIU POR MUITOS ANOS, MAS O SENHOR DEUS SEMPRE O GUARDOU. A BÍBLIA CONTA QUE ELE IA PARA UM MONTE CHAMADO MONTE DAS OLIVEIRAS PARA CONVERSAR COM DEUS. DEUS PAI CONTINUA CUIDANDO E GUARDANDO QUEM FICA PERTINHO DELE NO LUGAR SECRETO.

ORAÇÃO

QUERIDO DEUS, QUERO ESTAR ESCONDIDO EM TI. AMÉM.

LEITURA BÍBLICA: NÚMEROS 10.34

SEMPRE JUNTO!

A ESCOLA CONVIDOU ENZO PARA PASSAR MAIS TEMPO LÁ, FAZENDO ATIVIDADES DIVERTIDAS DEPOIS DA AULA. MAS ENZO FICOU UM POUCO PREOCUPADO DE PASSAR TANTO TEMPO LONGE DE CASA. ENTÃO, PERGUNTOU PARA A MAMÃE:

— MAMÃE, VOU PASSAR O DIA TODO LONGE DE VOCÊ NESSES DIAS?

— ISSO MESMO, MEU FILHO. ÀS TERÇAS E QUINTAS, VOCÊ VAI ALMOÇAR NA ESCOLA, E O PAPAI VAI BUSCÁ-LO.

— ENTENDI... MAS ESTOU SENTINDO UMA COISA MEIO ESQUISITA. PARECE QUE VOU FICAR SOZINHO — DISSE ELE, COM UMA CARINHA PENSATIVA.

ENTÃO, SUA MÃE O CHAMOU PARA SE SENTAREM NO SOFÁ.

— ENZO, ESSA É UMA ÓTIMA CHANCE DE APRENDER MAIS. E VOCÊ NÃO VAI ESTAR SOZINHO! OS PROFESSORES E AMIGOS VÃO AJUDÁ-LO. E TEM ALGUÉM MUITO ESPECIAL QUE ESTÁ SEMPRE COM VOCÊ: JESUS! — A MAMÃE CONTINUOU: — LEMBRA DA HISTÓRIA QUE CONTEI DA NUVEM? AQUELA NUVEM MOSTRAVA QUE DEUS ESTAVA SEMPRE COM O POVO DELE QUANDO ELES SAÍRAM DO EGITO E FORAM PARA O DESERTO. DO MESMO JEITO, ELE TAMBÉM VAI ESTAR COM VOCÊ TODOS OS DIAS NA ESCOLA!

ENZO SE LEMBROU NA HORA!

— ME LEMBREI AGORA, MAMÃE! FICO MAIS TRANQUILO. DIA E NOITE, NOITE E DIA, O SENHOR SEMPRE ESTÁ COMIGO! — REPETIU ELE, SE SENTINDO MAIS FORTE E CONFIANTE!

ORAÇÃO

QUERIDO DEUS, OBRIGADO PORQUE O SENHOR ESTÁ SEMPRE COMIGO. AMÉM.

LEITURA BÍBLICA: GÁLATAS 6.7

PLANTOU, COLHEU

VALENTINA CHEGOU NA ESCOLA TODA ANIMADA PARA CONTAR PARA AS AMIGAS QUE SUA PLANTINHA ESTAVA CRESCENDO E LOGO IA DAR FRUTOS! ELA ESTAVA ESPERANDO MUITO POR ESSE MOMENTO, E ALGUMAS AMIGAS ATÉ TENTARAM IMAGINAR O QUE PODERIA SER. VALENTINA FALOU ASSIM:

— MENINAS, ACHO QUE VAI SER UM PÉ DE AMORA!

— VOCÊ TEM CERTEZA? — PERGUNTOU VITÓRIA. — VOCÊ SABE QUE NÃO DÁ PARA PLANTAR TOMATE E COLHER MORANGO, NÃO SABE? MINHA MÃE ME ENSINOU ISSO DIREITINHO!

— TENHO QUASE CERTEZA! EU TAMBÉM ACHEI QUE FOSSE MORANGO, MAS NÃO. A BÍBLIA DIZ QUE A GENTE COLHE O QUE PLANTA. E ISSO É VERDADE! — EXPLICOU VALENTINA.

— ISSO PARECE UMA COISA SÉRIA, MAS É UM ALÍVIO! — FALOU ISABELLA. — PORQUE, SE A GENTE PENSAR NO QUE É BOM E FIZER TUDO QUE JESUS ENSINA, A GENTE VAI VER COMO DEUS É FIEL E BOM!

— EBA! — DISSE VITÓRIA, ANIMADA. — ME CONTA COMO VAI SER A COLHEITA NO SEU VASO, VALENTINA, PORQUE EU ACHO QUE TAMBÉM VOU CUIDAR DE UMA PLANTINHA!

É MUITO LEGAL VER COMO A GENTE PODE APRENDER SOBRE DEUS OLHANDO PARA A NATUREZA, NÃO É? UMA PLANTINHA PEQUENININHA TRAZ UMA SABEDORIA ENORME! ISSO PORQUE ELA MOSTRA QUEM DEUS É E COMO ELE É JUSTO COM TUDO O QUE EXISTE.

ORAÇÃO

QUERIDO DEUS, QUERO SEMEAR BOAS SEMENTES PARA COLHER BONS FRUTOS. AMÉM.

LEITURA BÍBLICA: JOSUÉ 1.1-3

DEUS VAI CUMPRIR!

SABE QUANDO VOCÊ QUER MUITO UM BRINQUEDO NOVO? OU QUANDO O DIA DO SEU ANIVERSÁRIO PARECE QUE NUNCA CHEGA? A GENTE ESPERA, O DIA CHEGA! SABE O QUE MAIS PARECE DEMORAR? UMA VIAGEM BEM LONGA DE CARRO, OU AQUELA SEMANA NA ESCOLA CHEIA DE TAREFAS, QUE PARECE NUNCA ACABAR! OU O NATAL, QUE A GENTE ESPERA O ANO TODO.

A BÍBLIA CONTA QUE O POVO HEBREU ESPERAVA POR ALGO ESPECIAL. ELES VIVIAM VIAJANDO E QUERIAM TER UMA CASA SÓ DELES! UM LUGAR PARA PLANTAR, CUIDAR DOS ANIMAIS E VIVER FELIZES. SABE POR QUANTO TEMPO ELES ESPERARAM? POR QUARENTA ANOS! QUANDO UM HOMEM CHAMADO JOSUÉ VIROU LÍDER, FINALMENTE CHEGOU A HORA DE ENTRAR NA TERRA PROMETIDA. MAS VOCÊ JÁ PAROU PARA PENSAR POR QUE ELES NÃO DESISTIRAM, MESMO DEPOIS DE ESPERAR TANTO TEMPO? É PORQUE ERA UMA PROMESSA DE DEUS! O PRÓPRIO DEUS DISSE QUE ELES IRIAM PISAR NAQUELA TERRA BOA, GRANDE E CHEIA DE COISAS BOAS PARA ELES. QUANDO DEUS PROMETE, ELE SEMPRE CUMPRE!

ASSIM COMO DEUS PROMETEU PARA AQUELE POVO, ELE TAMBÉM FAZ MUITAS PROMESSAS PARA NÓS, SABIA? NÃO IMPORTA SE PARECE ESTAR DEMORANDO MUITO, SE DEUS PROMETEU, ELE VAI CUMPRIR!

ALÉM DISSO, ENQUANTO ESPERAMOS, NÃO ESTAMOS SOZINHOS! JESUS ESTÁ CONOSCO PARA SEMPRE E NUNCA NOS DEIXA!

ORAÇÃO

QUERIDO DEUS, EU CONFIO NAS TUAS PROMESSAS. AMÉM.

LEITURA BÍBLICA: ECLESIASTES 10.4

CALMA PARA NÃO ERRAR

JOÃO PERCEBEU QUE SEU PAPAI CHEGOU UM POUCO DIFERENTE PARA O JANTAR. ELE ESTAVA MAIS QUIETO. QUANDO JOÃO PERGUNTAVA ALGUMA COISA, O PAPAI RESPONDIA BAIXINHO. EM VEZ DE LIGAR A TV, O PAI PREFERIU SE SENTAR NO SOFÁ E ESPERAR EM SILÊNCIO PELA HORA DE COMER. CURIOSO, JOÃO PERGUNTOU:

— PAPAI, ESTÁ TUDO BEM?

— ESTÁ SIM, FILHO — DISSE O PAPAI. — FOI SÓ UM DIA UM POUCO MAIS CANSATIVO NO TRABALHO. PRECISEI TER MUUUITA PACIÊNCIA HOJE.

ELE SUSPIROU. — AH, O SENHOR TEVE QUE FAZER MAIS TRABALHOS? — PERGUNTOU JOÃO, CURIOSO.

— NÃO, MEU QUERIDO — RESPONDEU O PAI. — O QUE EU PRECISEI HOJE FOI DE UM POUCO MAIS DE PACIÊNCIA. VOCÊ PRECISA APRENDER UMA COISA QUE VAI SER MUITO IMPORTANTE QUANDO CRESCER, MAS JÁ PODE COMEÇAR A USAR AGORA MESMO! A CALMA EVITA GRANDES ERROS!

O PAPAI CONTINUOU:

— PODE SER QUE UM DIA VOCÊ FIQUE BRAVO, OU ALGUÉM FALE ALGO QUE VOCÊ NÃO GOSTE, OU ATÉ PEÇA MAIS DO QUE VOCÊ PODE DAR. MEU CONSELHO É: MANTENHA A CALMA, RESPIRE FUNDO, SEJA PACIENTE COM AS OUTRAS PESSOAS. NO FINAL, TUDO SE AJEITA!

— ENTENDI, PAPAI — DISSE JOÃO. — O SEGREDO É TER CALMA!

ORAÇÃO

QUERIDO DEUS, ME AJUDA A FICAR CALMO QUANDO EU ESTIVER BRAVO OU PREOCUPADO. AMÉM.

LEITURA BÍBLICA: GÊNESIS 28.16

café com Deus pai KIDS

EM TODOS OS LUGARES

VALENTINA COMEÇOU A LER A BÍBLIA INTEIRINHA ESTE ANO. MAS ELA SE DISTRAIU E ACABOU FICANDO UM POUQUINHO PARA TRÁS. ISSO DEIXAVA VALENTINA CHATEADA, MAS A VOVÓ DELA DISSE UMA COISA QUE MUDOU TUDO!

— MINHA QUERIDA, A BÍBLIA NUNCA FICA VELHA! DIFERENTE DE MIM, ELA FICA SEMPRE NOVINHA E SEM RUGAS! — BRINCOU A VOVÓ. E CONTINUOU: — EU JÁ LI A BÍBLIA MAIS DE TRINTA VEZES E, ATÉ HOJE, ENCONTRO PARTES QUE FALAM AO MEU CORAÇÃO COMO SE FOSSE A PRIMEIRA VEZ! JESUS ESTÁ DO SEU LADO, E VOCÊ PODE CONVERSAR TUDO COM ELE, PORQUE ELE SABE BEM ONDE VOCÊ ESTÁ NA LEITURA.

— VOVÓ, A SENHORA ESTÁ CERTA! EU ESTOU JUSTAMENTE NA PARTE EM QUE JACÓ PERCEBEU QUE DEUS ESTAVA COM ELE. NO COMEÇO, ELE NÃO PERCEBEU, MAS, DEPOIS QUE O SENHOR APARECEU, ELE NÃO TEVE MAIS NENHUMA DÚVIDA! SE DEUS ESTAVA LÁ COM JACÓ, ELE TAMBÉM ESTÁ COMIGO, NÃO É MESMO? — PERGUNTOU VALENTINA, QUERENDO TER CERTEZA.

— SIM, MINHA QUERIDA! DEUS É ONIPRESENTE, ISSO QUER DIZER QUE ELE ESTÁ EM TODOS OS LUGARES! DESDE O DESERTO COM JACÓ ATÉ AQUI, AGORA, ENQUANTO A GENTE CONVERSA — EXPLICOU A VOVÓ.

ORAÇÃO

QUERIDO DEUS, ME AJUDA A TE VER COM MEU CORAÇÃO. AMÉM.

LEITURA BÍBLICA: HEBREUS 10.35,36

CONFIANÇA QUE VALE MUITO

CONFIAR EM DEUS É UMA COISA MUITO VALIOSA! NA BÍBLIA, DEUS NOS ENSINA A CONTINUAR FIRMES, SEM DESISTIR! O VOVÔ DO GABRIEL ERA UM GRANDE EXEMPLO DISSO. ELE GOSTAVA MUITO DE CONTAR SUAS HISTÓRIAS E SEMPRE FALAVA A MESMA FRASE:

— SEM ORAÇÃO, NÃO VAI DAR!

ESSA FRASE FICOU FAMOSA NA CASA.

— SEM ORAÇÃO, MEU QUERIDO, NADA DÁ CERTO DE VERDADE! QUASE TUDO DE BOM QUE EU TENHO HOJE FOI PORQUE EU OREI E NÃO PAREI DE ORAR. VOCÊ MESMO, QUANDO ERA BEM NENÉM, FICOU DOENTE. MAS DEUS, QUE É TÃO BONDOSO, OUVIU NOSSAS ORAÇÕES! NÓS ORÁVAMOS DE DIA E DE NOITE, SEM DESISTIR, E ELE NOS AJUDOU!

GABRIEL TINHA UMA CHANCE MUITO LEGAL DE APRENDER COM SEUS AVÓS A CONVERSAR COM DEUS TODOS OS DIAS, SEM FALTAR NENHUM DIA. ELE APRENDEU QUE ORAR UM POUQUINHO TODO DIA É UMA COISA MUITO VALIOSA! ASSIM, JESUS TAMBÉM VÊ QUANDO A GENTE CONFIA DE VERDADE NELE. ELE SE ALEGRA QUANDO A GENTE NÃO DESISTE, MESMO QUANDO É DIFÍCIL. MAS, SE NÃO ACREDITAMOS O MEDO APARECE — E O MEDO NOS IMPEDE DE CONTINUAR!

ESTAVA NA HORA DE GABRIEL APRENDER ESSA LIÇÃO E VIVER COM JESUS, CONFIANDO DE VERDADE QUE ELE SEMPRE O ACOMPANHARIA E MOSTRARIA O MELHOR CAMINHO.

ORAÇÃO

QUERIDO DEUS, EU CONFIO NO SENHOR COM TODO O MEU CORAÇÃO. AMÉM.

LEITURA BÍBLICA: PROVÉRBIOS 22.6

DEUS ME ENSINA

ERA HORA DE FAZER O DEVER DE CASA, MAS ENZO ESTAVA BRAVO! OS AMIGOS DELE JÁ ESTAVAM CHEGANDO PARA BRINCAR, E ELE ALI, PRESO NA TAREFA! JOÃO ENTROU E VIU O AMIGO TODO NERVOSO.

— AHHH, NÃO AGUENTO MAIS ESTA LIÇÃO! — GRITOU ENZO.

JOÃO, SEMPRE AMIGO, PERGUNTOU:

— QUER UMA AJUDINHA?

— NÃO ADIANTA! EU ESQUEÇO TUDO — ENZO RESPONDEU, TRISTE.

JOÃO PENSOU UM POUQUINHO E TEVE UMA IDEIA. — QUE TAL A GENTE TENTAR DE OUTRO JEITO? VAMOS TENTAR COM DESENHOS? PODE SER MAIS FÁCIL ASSIM!

ENZO ACEITOU NA HORA, E NÃO É QUE DEU CERTO? LOGO, LOGO, ELE JÁ ESTAVA RINDO E APRENDENDO COM O AMIGO.

— AH, ASSIM FICOU FÁCIL! — DISSE ENZO, TODO ALIVIADO.

JOÃO SORRIU E FALOU:

— VIU SÓ? DEUS FEZ DE VOCÊ MUITO INTELIGENTE DO SEU JEITINHO! ÀS VEZES, SÓ PRECISAMOS ENCONTRAR O JEITO CERTO DE APRENDER!

ORAÇÃO

DEUS, OBRIGADO POR ME DEIXAR APRENDER DO MEU JEITINHO! ÀS VEZES É CHATO, EU SEI, MAS ME AJUDA A NÃO DESANIMAR, MESMO QUANDO A LIÇÃO É MUITO DIFÍCIL! AMÉM!

LEITURA BÍBLICA: COLOSSENSES 3.23

DIA 078

COMO SE FOSSE PARA DEUS

ENZO ESTAVA JOGANDO VIDEOGAME E SE DIVERTINDO QUANDO A MAMÃE O CHAMOU PARA ARRUMAR O QUARTO. ELE FICOU TRISTE E UM POUCO BRAVO, PORQUE NÃO QUERIA PARAR DE JOGAR. JOÃO, QUE ESTAVA VISITANDO, CHEGOU PERTINHO E FOI FALAR COM ELE:

— ENZO, POR QUE VOCÊ NÃO ESTÁ ARRUMANDO O QUARTO?

— EU ESTAVA JOGANDO! NÃO QUERO PARAR AGORA... — RESPONDEU ENZO, CHATEADO.

— SABIA QUE, QUANDO A GENTE FAZ AS COISAS PARA AJUDAR OS OUTROS, É COMO SE ESTIVESSE FAZENDO PARA DEUS? PRINCIPALMENTE QUANDO SÃO COISAS QUE NOSSOS PAIS PEDEM! — JOÃO ENSINOU.

— SÉRIO? ATÉ ARRUMAR O QUARTO? — ENZO O OLHOU SEM ACREDITAR NO QUE O AMIGO ESTAVA FALANDO.

— CLARO! — CONTINUOU JOÃO. — DEUS FICA MUITO FELIZ QUANDO FAZEMOS NOSSAS TAREFAS COM VONTADE E AMOR NO CORAÇÃO.

ENZO PENSOU UM POUQUINHO E SORRIU.

— ENTÃO, VOU ARRUMAR O QUARTO AGORA E FAZER TUDO BEM DIREITINHO, COMO SE FOSSE PARA DEUS! — ENZO DISSE, MUITO CONTENTE EM SABER QUE IA FAZER ALGO PARA DEIXAR DEUS FELIZ.

ORAÇÃO

SENHOR, ME AJUDA A FAZER MINHAS TAREFAS COM ALEGRIA. AMÉM.

DIA 079

LEITURA BÍBLICA: MATEUS 6.9-13

JESUS ME ENSINA A ORAR!

NO CAFÉ DA TARDE, VALENTINA ESTAVA COM AS MÃOS NA MESA, BEM QUIETINHA. PARECIA ESTAR PENSANDO EM ALGO IMPORTANTE. ELA ESTAVA APRENDENDO SOBRE COMO CONVERSAR COM DEUS (QUE A GENTE CHAMA DE ORAR!), MAS NÃO SABIA DIRETINHO O QUE FALAR. ISABELLA, QUE ESTAVA BEM PERTINHO DELA, PERCEBEU E LOGO PERGUNTOU:

— VALENTINA, VOCÊ ESTÁ PENSANDO NO QUE ORAR?

— É QUE... EU NÃO SEI BEM O QUE FALAR PARA DEUS. COMO EU COMEÇO? E SE MINHA ORAÇÃO NÃO FICAR BONITA? — PERGUNTOU VALENTINA, COM UMA CARINHA PREOCUPADA.

— AMIGA, ORAR É SÓ CONVERSAR COM DEUS COM SINCERIDADE! — DISSE ISABELLA. — JESUS NOS ENSINOU UMA ORAÇÃO SIMPLES QUE FALA SOBRE PEDIR A DEUS O QUE A GENTE PRECISA E TAMBÉM AGRADECER. QUER ORAR JUNTO COMIGO?

VALENTINA FEZ QUE SIM COM A CABEÇA, E AS DUAS FECHARAM OS OLHOS. ISABELLA COMEÇOU:

— PAI NOSSO, QUE ESTÁS NOS CÉUS...

ELAS ORARAM JUNTINHAS, LEMBRANDO DE CADA PARTE DA ORAÇÃO QUE JESUS ENSINOU, QUE ESTÁ LÁ NA BÍBLIA.

— AGORA EU SEI QUE A MINHA ORAÇÃO NÃO PRECISA SER "BONITA", CHEIA DE PALAVRAS! — DISSE VALENTINA ALIVIADA E MUITO CONTENTE. — SÓ PRECISA VIR DO CORAÇÃO!

ORAÇÃO

SENHOR, ME ENSINA A ORAR COM UM CORAÇÃO SINCERO, PORQUE EU SEI QUE O SENHOR SEMPRE ME OUVE. AMÉM!

FALE A VERDADE

NA HORA DO LANCHE, NA ESCOLA, ENZO ESTAVA COMENDO SEU SANDUÍCHE E VIU QUE O AMIGO GABRIEL NÃO TINHA LANCHE! ENTÃO, ELE TEVE UMA IDEIA LEGAL: COLOCOU UM PEDAÇO DO SEU SANDUÍCHE NA MOCHILA DO AMIGO PARA FAZER UMA SURPRESA!

QUANDO GABRIEL ABRIU A MOCHILA E VIU O LANCHE LÁ DENTRO, ELE LOGO DECIDIU FAZER A COISA CERTA.

— ENZO, ACHO QUE ESTE SANDUÍCHE É SEU. VI NA MINHA MOCHILA — DISSE GABRIEL.

ENZO OLHOU SURPRESO PARA O AMIGO E FALOU:

— EU QUE COLOQUEI AÍ, MEU AMIGO!

GABRIEL FICOU ANIMADO E PERGUNTOU:

— SÉRIO? E POR QUE VOCÊ FEZ ISSO?

ENZO EXPLICOU:

— PORQUE VI QUE VOCÊ NÃO TINHA LANCHE E QUIS DIVIDIR O MEU. MAS FIQUEI MUITO FELIZ PORQUE VOCÊ ME PERGUNTOU! SABE, FALAR A VERDADE É MUITO IMPORTANTE, MESMO NAS PEQUENAS COISAS. DEUS FICA MUITO, MUITO FELIZ QUANDO A GENTE FAZ O QUE É CERTO, MESMO QUE NINGUÉM ESTEJA OLHANDO!

GABRIEL SORRIU E DISSE:

— EU SÓ APRENDI QUE É MUITO IMPORTANTE FALAR SEMPRE A VERDADE, AMIGO!

— ENTÃO VAMOS COMER ESSE SANDUÍCHE, MEU AMIGO! — ENZO FALOU, SORRINDO.

GABRIEL AGRADECEU, FELIZ:

— OBRIGADO, ENZO! VOCÊ É DEMAIS!

ORAÇÃO

QUERIDO DEUS, ME AJUDA A SEMPRE FALAR A VERDADE E FAZER O QUE É CERTO, PORQUE ISSO DEIXA O SENHOR MUITO FELIZ. AMÉM!

LEITURA BÍBLICA: TIAGO 5.7

A PACIÊNCIA

GABRIEL ESTAVA NO JARDIM, COM O VOVÔ, PLANTANDO UMA SEMENTINHA BEM PEQUENININHA. ELE ESTAVA SUPERANIMADO PARA VER A PLANTINHA CRESCER LOGO, LOGO! MAS O TEMPO FOI PASSANDO... E NADA DE A PLANTINHA APARECER! GABRIEL COMEÇOU A FICAR MEIO CHATEADO COM A DEMORA. ELE SE SENTOU NO BANCO, OLHOU PARA O BURAQUINHO NO CHÃO E PERGUNTOU:

— VOVÔ, POR QUE A PLANTA NÃO CRESCE LOGO?

VOVÔ, COM MUITA CALMA, SENTOU DO LADO DELE E DISSE:

— TER PACIÊNCIA É MUITO IMPORTANTE, GABRIEL. A SEMENTE PRECISA DE TEMPO PARA CRESCER E VIRAR UMA PLANTA LINDA. MUITAS COISAS BOAS NA NOSSA VIDA TAMBÉM PRECISAM DE ESPERA. DEUS ENSINA A GENTE A TER PACIÊNCIA, PORQUE ELE SABE O TEMPO CERTINHO DE TUDO ACONTECER.

GABRIEL SORRIU, ENTENDENDO TUDO.

— VOU ESPERAR COM PACIÊNCIA! DEUS VAI ME AJUDAR A SER PACIENTE!

ORAÇÃO

QUERIDO DEUS, ME AJUDA A ESPERAR COM PACIÊNCIA E A CONFIAR QUE O SENHOR SABE A HORA CERTINHA DE TUDO. AMÉM!

OBEDECER É IMPORTANTE

JOÃO ESTAVA EM CASA QUANDO A MAMÃE PEDIU PARA ELE ARRUMAR O QUARTO ANTES DE SAIR PARA BRINCAR. JOÃO ESTAVA SUPERANIMADO, DOIDO PARA ENCONTRAR OS AMIGOS E SE DIVERTIR!

ELE PENSOU: "AI, QUE PREGUIÇA DE ARRUMAR AGORA. ACHO QUE POSSO SAIR E DEIXAR PRA ARRUMAR DEPOIS". E FOI SAINDO DE FININHO... MAS A MAMÃE DO JOÃO VIU TUDO! ELA PERGUNTOU:

— OPA, OPA, MOCINHO! PARA ONDE VOCÊ PENSA QUE ESTÁ INDO?

JOÃO RESPONDEU PARA A MAMÃE:

— EU NÃO QUERIA ARRUMAR O QUARTO AGORA, MÃE. QUERO BRINCAR LOGO!

A MAMÃE, FALANDO SÉRIO E COM MUITO AMOR, DISSE:

— FILHO, DEUS NOS ENSINA A OBEDECER, MESMO QUANDO NÃO QUEREMOS MUITO. OBEDECER TRAZ COISAS BOAS, E QUANDO NÓS FAZEMOS O QUE É CERTO, TUDO FICA MELHOR DEPOIS.

JOÃO PAROU E PENSOU NAS PALAVRAS DA MAMÃE. ELE ENTENDEU QUE ERA IMPORTANTE OBEDECER. ENTÃO, SORRIU E RESPONDEU:

— ESTÁ BEM, MÃE! VOU ARRUMAR TUDO AGORA MESMO, COMO VOCÊ PEDIU.

A MAMÃE DO JOÃO FICOU MUITO FELIZ!

— ISSO, MEU FILHO. DEUS E EU ESTAMOS MUITO CONTENTES COM ESSA ATITUDE. EU AMO VOCÊ!

E, ASSIM, JOÃO ARRUMOU O QUARTO RAPIDINHO. ELE APRENDEU QUE OBEDECER É UM JEITO DE AMAR E QUE ISSO DEIXA A MAMÃE E DEUS MUITO FELIZES!

ORAÇÃO

JESUS, ME AJUDA A OBEDECER. ME AJUDA A OUVIR A MAMÃE, O PAPAI E QUEM CUIDA DE MIM. EU QUERO OBEDECER DE CORAÇÃO. AMÉM!

LEITURA BÍBLICA: GÁLATAS 3.11

UMA SURPRESA!

GABRIEL ESTAVA QUIETINHO NA SUA CAMA QUANDO OUVIU TOC-TOC-TOC NA PORTA. ELE SABIA NA HORA: ERA O VOVÔ! ESSE ERA O CÓDIGO SECRETO DELES.

— O QUE É ISTO?! — PERGUNTOU GABRIEL.

UMA CAIXA GRANDE E COLORIDA FOI APARECENDO DEVAGARINHO. O VOVÔ TINHA UM PRESENTE SURPRESA! MAS GABRIEL FICOU MEIO DESCONFIADO, SEM ENTENDER NADA DO QUE ESTAVA ACONTECENDO.

— VOCÊ NÃO QUER SABER O QUE É? — PERGUNTOU O VOVÔ.

— POR QUE ESTOU GANHANDO ESSE PRESENTE? NÃO É MEU ANIVERSÁRIO, NEM NATAL, NEM DIA DAS CRIANÇAS... POR QUE O VOVÔ ESTÁ ME DANDO ISSO?

SABE, ÀS VEZES A GENTE FICA IGUAL AO GABRIEL. A GENTE NÃO ENTENDE O QUANTO DEUS PAI É BOM! ELE NOS DÁ PRESENTES E NOS SURPREENDE, NÃO PORQUE A GENTE FEZ TUDO CERTINHO O TEMPO TODO, MAS PORQUE ELE NOS AMA MUITO!

ÀS VEZES, A GENTE PENSA: "AH, DEUS SÓ VAI ME DAR COISAS BOAS SE EU FOR SUPER PERFEITO, SE EU NÃO ERRAR NUNCA!". MAS NÃO É ASSIM QUE FUNCIONA. NINGUÉM É PERFEITO, SÓ JESUS! E É ELE QUE NOS AJUDA A SER AMIGOS DE DEUS.

POR ISSO, DEVEMOS VIVER A VIDA ACREDITANDO EM JESUS E NO AMOR GRANDÃO QUE ELE TEM POR NÓS. ASSIM, PODEMOS RECEBER TODOS OS PRESENTES E SURPRESAS QUE ELE TEM! QUE DEMAIS!

ORAÇÃO

QUERIDO DEUS, OBRIGADO PORQUE O SENHOR ME AMA MUITO, MESMO QUANDO EU ERRO! EU QUERO VIVER TODOS OS DIAS ACREDITANDO NO TEU AMOR E RECEBENDO TEUS PRESENTES. AMÉM.

LEITURA BÍBLICA: 1JOÃO 1.10

TODOS NÓS ERRAMOS

JOÃO COMBINOU COM O PAPAI DE ARRUMAR TODAS AS CAIXAS. DE REPENTE, O PAPAI ENTROU NO QUARTO. JOÃO PODERIA MENTIR E DIZER QUE ESTAVA TUDO ARRUMADO, OU FALAR A VERDADE E CONTAR QUE NÃO TINHA ARRUMADO NADA. ELE ESCOLHEU MENTIR. MAS O PAPAI VIU DUAS CAIXAS ABERTAS AO LADO DA CAMA. NA HORA, ELE PERCEBEU QUE JOÃO NÃO TINHA CONTADO A VERDADE E DISSE:

— JOÃO, VOCÊ É UM BOM FILHO E SEMPRE TENTA AGRADAR A DEUS. MAS QUERO QUE SAIBA QUE TODO MUNDO ERRA, NINGUÉM É PERFEITO O TEMPO TODO. O IMPORTANTE É CONTAR A VERDADE, PEDIR DESCULPAS E TENTAR FAZER O CERTO NA PRÓXIMA VEZ. VOCÊ ENTENDE?

JOÃO PERCEBEU QUE O PAPAI JÁ SABIA DE TUDO E FICOU COM O CORAÇÃO TRISTE E O ROSTINHO DESANIMADO. ENTÃO, O PAPAI CONTINUOU:

— SE A GENTE DISSER QUE NUNCA FAZ NADA DE ERRADO, É COMO SE ESTIVESSE DIZENDO QUE DEUS MENTE... E DEUS NUNCA MENTE! NÓS ERRAMOS, SIM, MAS DEUS QUER NOS AJUDAR A MELHORAR A CADA DIA, PARA SERMOS MAIS PARECIDOS COM JESUS. A VERDADE, MESMO QUANDO É DIFÍCIL, É SEMPRE A MELHOR ESCOLHA. QUANDO ERRAMOS, PODEMOS LEMBRAR QUE DEUS NOS AMA MUITO E QUER NOS VER, A CADA DIA, MAIS PARECIDOS COM JESUS!

ORAÇÃO

QUERIDO DEUS, PRECISO MUITO DA TUA AJUDA! ME ENSINA A FAZER O QUE É CERTO E A FALAR SEMPRE A VERDADE. AMÉM.

DIA 085

LEITURA BÍBLICA: DEUTERONÔMIO 32.4

AS COISAS DE DEUS

TODO DIA A GENTE TEM A CHANCE DE VER O AMOR DE JESUS EM TUDO! ESSES ERAM OS PENSAMENTOS DO GABRIEL ENQUANTO ARRUMAVA A MOCHILA. ELE IA PASSAR O FIM DE SEMANA EM UMA CHÁCARA NO MEIO DA NATUREZA, NA CASA DE AMIGOS DA VOVÓ E DO VOVÔ. NO COMEÇO, ELE FICOU UM POUQUINHO ASSUSTADO. SAIR DE CASA E IR PARA UM LUGAR DIFERENTE NEM SEMPRE É FÁCIL. DAVA UM FRIOZINHO NA BARRIGA! MAS A VOVÓ DISSE UMA COISA QUE MUDOU TUDO.

— MEU QUERIDO, O QUE PODERIA SER RUIM SE A GENTE VAI ESTAR COM AMIGOS DA IGREJA E NO MEIO DA NATUREZA? TODAS AS COISAS QUE DEUS FEZ SÃO PERFEITAS, E, DE VEZ EM QUANDO, É MUITO BOM DESCANSAR LONGE DE TODO O BARULHO DAQUI.

GABRIEL SORRIU E FICOU IMAGINANDO COMO SERIA O FIM DE SEMANA... O DESPERTADOR? O CANTO DOS PASSARINHOS! A MÚSICA? O BARULHINHO DAS FOLHAS BALANÇANDO COM O VENTO! E A TELEVISÃO? A LINDA PAISAGEM DA NATUREZA! E O MELHOR DE TUDO: JESUS ESTARIA LÁ COM ELES. AH, COM JESUS POR PERTO... IMPOSSÍVEL SER RUIM!

ORAÇÃO

QUERIDO DEUS, ME AJUDA A PARAR UM POUQUINHO PARA VER AS COISAS LINDAS QUE O SENHOR FEZ. AMÉM.

O MELHOR ADVOGADO

ENZO GOSTAVA DE IMAGINAR O QUE IA SER QUANDO CRESCESSE. UMA DAS IDEIAS QUE ELE TINHA ERA SER ADVOGADO. ELE FICAVA PENSANDO COMO SERIA LER AQUELES LIVROS GRANDÕES DO ESCRITÓRIO OU SAIR PARA TRABALHAR, DE TERNO E GRAVATA.

— MAMÃE, JÁ PENSOU COMO EU VOU FICAR BONITO TRABALHANDO DE TERNO E GRAVATA? — BRINCAVA ELE, COLOCANDO UMA DAS GRAVATAS DO PAPAI.

A MAMÃE, COM CARINHO, DISSE:

— MEU FILHO, SER ADVOGADO É UMA PROFISSÃO MUITO LEGAL! PRECISA DE BASTANTE ESFORÇO, MAS O MAIS IMPORTANTE É TER AMOR PELAS OUTRAS PESSOAS.

— COMO ASSIM, MAMÃE? — PERGUNTOU ENZO, CURIOSO.

— ADVOGADOS AJUDAM QUEM ESTÁ COM PROBLEMAS. A BÍBLIA CONTA QUE JESUS É O NOSSO ADVOGADO! ELE NOS DEFENDE E CUIDA DE NÓS QUANDO ERRAMOS E PEDIMOS PERDÃO.

— UAU, MAMÃE! ENTÃO, SE EU FOR ADVOGADO, VOU PARECER COM O PAPAI... E TAMBÉM COM JESUS! — DISSE ENZO, ADMIRADO.

— SIM, MEU FILHO! MAS TEM MUITAS OUTRAS PROFISSÕES EM QUE VOCÊ TAMBÉM PODE SER COMO JESUS! E EU TENHO CERTEZA DE QUE VOCÊ VAI SER MUITO FELIZ NAQUILO QUE DEUS PAI PREPAROU PARA VOCÊ. — DISSE A MAMÃE, DANDO UM ABRAÇO BEM FORTE NELE.

ORAÇÃO

DEUS PAI, EU CONFIO NOS TEUS PLANOS PARA A MINHA VIDA. ME AJUDA A SEGUIR O TEU CAMINHO. AMÉM.

LEITURA BÍBLICA: ATOS 17.30

ANTES EU NÃO SABIA!

O NOSSO DEUS É UM PAI MUITO, MUITO JUSTO E TAMBÉM MUITO BOM! ELE SEMPRE FAZ O QUE É CERTO COM A GENTE. DEUS CONTINUA MOSTRANDO O QUANTO É JUSTO COM A GENTE, SABIA? ELE NOS ENSINA QUE NOSSA VIDA É COMO UMA SEMENTINHA: SE PLANTAMOS COISAS BOAS — COMO AJUDAR, FALAR A VERDADE, AMAR, OBEDECER —, VAMOS COLHER ALEGRIA, PAZ E UM CORAÇÃO FELIZ.

MAS, SE A GENTE PLANTA COISAS RUINS — COMO BRIGAR, DESOBEDECER OU SER EGOÍSTA —, VAMOS COLHER AS CONSEQUÊNCIAS: TALVEZ UMA BRIGA, UMA TRISTEZA OU UMA BAGUNÇA PARA ARRUMAR.

E SABE DE UMA COISA LINDA? QUANDO FAZEMOS ALGO ERRADO SEM SABER, DEUS ENTENDE! ELE NÃO BRIGA POR COISAS QUE FIZEMOS SEM QUERER. ISSO MOSTRA COMO ELE É JUSTO E CHEIO DE AMOR.

SE VOCÊ FEZ ALGO DE ERRADO, MAS DE VERDADE NÃO SABIA QUE AQUILO DEIXAVA O CORAÇÃO DE DEUS TRISTE, PODE FICAR CALMINHO! DEUS PAI ENTENDE. QUANTO MAIS APRENDEMOS SOBRE DEUS E SOBRE A PALAVRA DELE, MAIS VAMOS QUERER ANDAR NOS CAMINHOS QUE ELE GOSTA. E ASSIM VAMOS FAZER AS COISAS SEMPRE DE UM JEITO QUE DEIXA O CORAÇÃO DE DEUS SUPERFELIZ! TOPA FAZER ISSO?

ORAÇÃO

QUERIDO DEUS, OBRIGADO POR ENTENDER QUANDO EU ERRO SEM SABER. ME AJUDA A APRENDER CADA DIA MAIS O QUE AGRADA O SENHOR. AMÉM!

LEITURA BÍBLICA: 1PEDRO 1.17

DIA 088

A JORNADA MAIS LEGAL

ERA UM LINDO SÁBADO, E GABRIEL CONVIDOU OS MENINOS PARA ASSISTIR FILMES NA CASA DELE! QUE LEGAL! A VOVÓ DO GABRIEL ADORAVA RECEBER TODO MUNDO, E O VOVÔ... AH, O VOVÔ SE SENTIA CRIANÇA DE NOVO QUANDO ESTAVA COM ELES! O VOVÔ GOSTAVA DE CONVERSAR E SEMPRE DIZIA UMA COISA MUITO IMPORTANTE:

— CRIANÇAS, A VIDA É COMO UMA JORNADA... UMA VIAGEM CHEIA DE AVENTURAS! PRECISAMOS APROVEITAR CADA MOMENTO, CADA BRINCADEIRA, CADA AMIGO... ATÉ QUANDO AS COISAS NÃO SAEM DO NOSSO JEITO. SABE POR QUÊ? PORQUE TUDO ISSO AJUDA A GENTE A CRESCER E SER MELHOR! NO MEIO DAS HISTÓRIAS, ELE DISSE:

— VOCÊS PODEM SER O QUE QUISEREM QUANDO CRESCEREM: BOMBEIRO, MÉDICO, ASTRONAUTA, PROFESSOR... O QUE O CORAÇÃO MANDAR! MAS NUNCA, NUNCA SE ESQUEÇAM DE UMA COISA: VIVAM A VIDA DE VOCÊS COM MUITO RESPEITO A DEUS. E LEMBREM-SE DE QUE, DE TODAS AS COISAS MAIS PRECIOSAS DO MUNDO, NADA É MAIS IMPORTANTE DO QUE AMAR E SERVIR A JESUS!

E ASSIM A TARDE PASSOU VOANDO! TEVE FILME LEGAL, BOLO DELICIOSO, MUITAS RISADAS, A COMPANHIA DOS AMIGOS E, O MAIS IMPORTANTE, DE JESUS! ELE ESTAVA ALI, NO MEIO DAQUELA ALEGRIA TODA, NO CORAÇÃO DE CADA UM.

ORAÇÃO

QUERIDO DEUS, ME AJUDA A VIVER SEMPRE COM RESPEITO E AMOR A TI, EM TODOS OS DIAS DA MINHA VIDA. AMÉM.

SÓ A VERDADE

SÁBADO É DIA DE PRACINHA! COMO SEMPRE, OS AMIGOS COMBINARAM DE BRINCAR LÁ, MAS ENZO SE ATRASOU. CADA CRIANÇA LEVOU UM LANCHE GOSTOSO, E O VOVÔ DO GABRIEL PEDIU QUE ESPERASSEM O ENZO CHEGAR. MESMO COM FOME, TODOS ESPERARAM. O QUE NINGUÉM SABIA É QUE ENZO SE ATRASOU PORQUE FICOU JOGANDO VIDEOGAME E NÃO OUVIU A MAMÃE. QUANDO CHEGOU E VIU TODO MUNDO ESPERANDO, FICOU COM VERGONHA DE CONTAR A VERDADE E ACABOU MENTINDO SOBRE O ATRASO.

O VOVÔ, QUE É MUITO ESPERTO, PERCEBEU O QUE ESTAVA ACONTECENDO. ENTÃO, CHAMOU TODO MUNDO E PERGUNTOU:

— SE EU PEGAR METADE DE UM BISCOITO DE CHOCOLATE E METADE DE UM BISCOITO DE MORANGO E JUNTAR, QUAL SABOR VAI TER ESSE BISCOITO?

AS CRIANÇAS FICARAM PENSANDO. ATÉ TENTARAM FALAR "CHOCOLANGO" OU "MORANLATE"! MAS O VOVÔ EXPLICOU:

— DO MESMO JEITO QUE NÃO DÁ PARA JUNTAR DOIS SABORES E FAZER UM SÓ, TAMBÉM NÃO DÁ PARA JUNTAR UM POUCO DE VERDADE COM UM POUCO DE MENTIRA E CHAMAR ISSO DE VERDADE. MEIA VERDADE É MENTIRA, E MEIA MENTIRA AINDA É MENTIRA. A BÍBLIA NOS ENSINA QUE A MENTIRA NÃO VEM DE DEUS, SÓ A VERDADE VEM DELE. NÃO DÁ PARA MISTURAR MENTIRA COM VERDADE, PORQUE MENTIRA SEMPRE É MENTIRA.

ORAÇÃO

QUERIDO DEUS, ME AJUDA A SEMPRE FALAR A VERDADE, EM TODO MOMENTO E EM QUALQUER SITUAÇÃO. AMÉM.

LEITURA BÍBLICA: 2CORÍNTIOS 7.2

DIA 090

VIVENDO COMO JESUS VIVEU

NA BÍBLIA, A GENTE LÊ SOBRE MUITAS PESSOAS QUE AMAVAM A DEUS E QUE PASSARAM POR COISAS DIFÍCEIS, MESMO SENDO BOAS. VOCÊ SABIA?

SABE QUEM MAIS SOFREU, MESMO FAZENDO SÓ O BEM? JESUS! ELE SÓ AMOU, CUROU E SALVOU AS PESSOAS. MAS, MESMO ASSIM, ALGUMAS PESSOAS O TRAÍRAM E MACHUCARAM... E ELE ACABOU MORRENDO NA CRUZ, POR AMOR A TODOS NÓS. PARECE QUE, MESMO MUITO ANTES DE JESUS VIR À TERRA, E TAMBÉM DEPOIS QUE ELE VOLTOU PARA O CÉU, ALGUMAS PESSOAS PASSAVAM POR COISAS PARECIDAS. O APÓSTOLO PAULO, QUE TAMBÉM AMAVA MUITO A JESUS, É UM EXEMPLO! ELE NOS ENSINOU ALGO QUE NOS AJUDA A SER PARECIDOS COM JESUS E A VIVER COMO ELE: QUE A GENTE NÃO DEVE FAZER MAL A NINGUÉM, NÃO MACHUCAR E NEM ENGANAR NINGUÉM SÓ PARA LEVAR VANTAGEM. ASSIM COMO JESUS, PAULO E TANTOS OUTROS QUE AMAVAM A DEUS... NÓS TAMBÉM DEVEMOS VIVER DESSE JEITO!

PODE SER QUE ALGUMAS PESSOAS NÃO ENTENDAM E ATÉ FIQUEM CONTRA A GENTE... MAS O MAIS IMPORTANTE É NUNCA DESISTIR! VAMOS CONTINUAR QUERENDO VIVER COMO JESUS VIVEU, COM AMOR, CUIDADO E VERDADE. COMBINADO?

ORAÇÃO

QUERIDO JESUS, ME AJUDA A VIVER COMO O SENHOR TODOS OS DIAS. AMÉM.

café
com
Deus
pai
KIDS
Best Seller
UM AMOR QUE NUNCA ACABA
JUNIOR ROSTIROLA
VOLUME 1 DE 4
velos

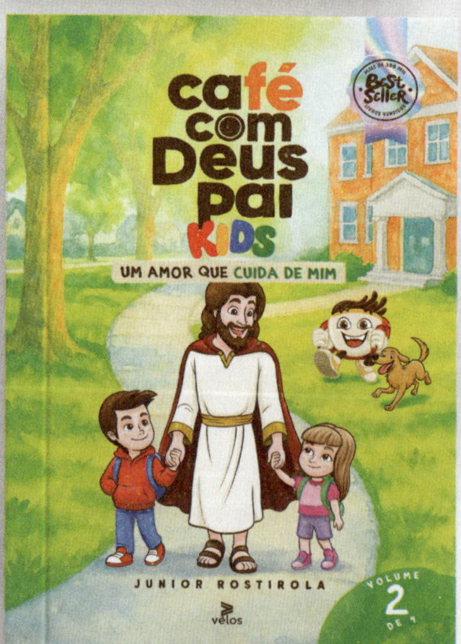
café
com
Deus
pai
KIDS
Best Seller
UM AMOR QUE CUIDA DE MIM
JUNIOR ROSTIROLA
VOLUME 2 DE 4
velos

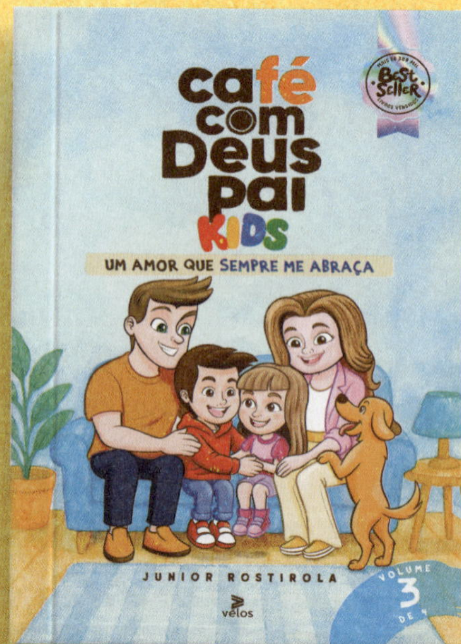
café
com
Deus
pai
KIDS
Best Seller
UM AMOR QUE SEMPRE ME ABRAÇA
JUNIOR ROSTIROLA
VOLUME 3 DE 4
velos

café
com
Deus
pai
KIDS
Best Seller
UM AMOR QUE ENCHE O MEU CORAÇÃO
JUNIOR ROSTIROLA
VOLUME 4 DE 4
velos

NESTA EDIÇÃO, A COLEÇÃO
CAFÉ COM DEUS PAI KIDS GANHA

4 LIVROS INÉDITOS

EMBARQUE EM UMA JORNADA DE CONHECIMENTO DO AMOR DE DEUS PAI.

COM HISTÓRIAS LÚDICAS, DIVERTIDAS E ILUSTRAÇÕES CRIATIVAS, ESTE CONTEÚDO IRÁ CATIVAR AS CRIANÇAS E TORNAR A HORA DE LEITURA AINDA MAIS ÚNICA.

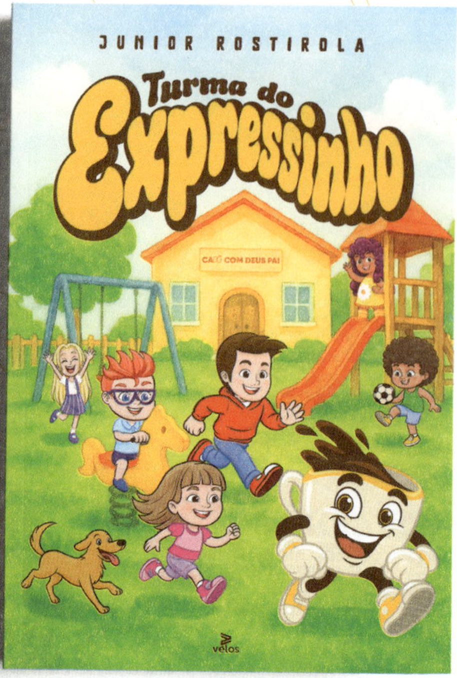

JOÃO E ISABELLA TÊM UM NOVO VIZINHO, DAVI! JUNTO COM O RESTANTE DA TURMA, VITÓRIA, VALENTINA, ENZO E GABRIEL, VIVEM SITUAÇÕES DO DIA A DIA E TIRAM LIÇÕES PRECIOSAS PARA TODA A VIDA. ***EXPRESSINHO*** SEMPRE ESTARÁ POR PERTO PARA DIVERTIR E AJUDAR A REFLETIR SOBRE CADA MOMENTO.

JUNIOR É UM MENINO TÍMIDO QUE TEM COMO COMPANHEIRA DE AVENTURAS SUA BICICLETA! O ÚNICO PROBLEMA É QUE, TALVEZ, ELA ESTEJA TÃO, TÃO, TÃÃÃÃO VELHINHA QUE SEU BANCO ESTEJA RASGADO, OS FREIOS RANGENDO E A CORRENTE FROUXA! MAS JUNIOR TAMBÉM TEM AMIGOS INCRÍVEIS: MICHELLE, ANA, TED E O RECÉM-CHEGADO BRIAN, QUE VÃO AJUDÁ-LO A ***VENCER OS DESAFIOS*** QUE SURGEM NO DIA A DIA. BORA DESCOBRIR O QUE VAI ACONTECER?

DESCUBRA O PRAZER DE PINTAR COM CAFÉ COM DEUS PAI ENTRE CORES,

UM LIVRO DE PINTURA CUIDADOSAMENTE ELABORADO PARA INSPIRAR CRIATIVIDADE, ALIVIAR O ESTRESSE E DESPERTAR O ARTISTA QUE EXISTE EM VOCÊ. COM PÁGINAS REPLETAS DE ILUSTRAÇÕES ENCANTADORAS, ESTE LIVRO CONVIDA VOCÊ A DAR VIDA ÀS IMAGENS COM AS CORES QUE PREFERIR.

IDEAL PARA TODAS AS IDADES E NÍVEIS DE EXPERIÊNCIA. USE LÁPIS DE COR, AQUARELA, CANETINHAS OU O QUE PREFERIR — NÃO HÁ REGRAS, APENAS POSSIBILIDADES. LIBERTE SUA CRIATIVIDADE, UMA PÁGINA COLORIDA DE CADA VEZ.

café com Deus pai KIDS

SOBRE O AUTOR

JUNIOR ROSTIROLA É AUTOR DO BEST-SELLER *CAFÉ COM DEUS PAI*, O LIVRO MAIS VENDIDO DO BRASIL NOS ÚLTIMOS ANOS, COM MAIS DE 10 MILHÕES DE CÓPIAS. BACHAREL E PÓS-GRADUADO EM TEOLOGIA BÍBLICA, SUPEROU UMA INFÂNCIA MARCADA POR VIOLÊNCIA, TRANSFORMANDO SUA DOR EM PROPÓSITO.

FUNDADOR DA ASSOCIAÇÃO ESCOLHI AMAR, LIDERA PROJETOS SOCIAIS COMO ORFANATOS E CENTROS DE RECUPERAÇÃO.

CASADO COM MICHELLE E PAI DE JOÃO PEDRO E ISABELLA, JUNIOR INSPIRA MILHÕES COM MENSAGENS DE FÉ, SUPERAÇÃO E CONEXÃO COM DEUS.

Junior Rostirola

@juniorrostirola